AF200121

Georg Karl Ludwig Heinrich Loeck

Die Homiliensammlung des Paulus Diakonus

Die unmittelbare Vorlage des ostfriesischen Evangelienbuchs

Georg Karl Ludwig Heinrich Loeck

Die Homiliensammlung des Paulus Diakonus
Die unmittelbare Vorlage des ostfriesischen Evangelienbuchs

ISBN/EAN: 9783744648653

Hergestellt in Europa, USA, Kanada, Australien, Japan

Cover: Foto ©Lupo / pixelio.de

Weitere Bücher finden Sie auf **www.hansebooks.com**

Die

Homiliensammlung des Paulus Diakonus,

die

unmittelbare Vorlage

des

Otfridischen Evangelienbuchs.

—

Inaugural-Dissertation

zur

Erlangung der Doctorwürde

der philosophischen Fakultät zu Kiel

vorgelegt

von

G e o r g L o e c k.

Opponenten:

cand. phil. **Hess.**

stud. phil. **Kuhlmann.**

Seinen teuren Eltern

in Dankbarkeit gewidmet.

Die im Jahre 1833 von Lachmann in seinem Aufsatz über »Otfrid«*) ausgesprochene Vermutung, ihm scheine für das Evangelienbuch an Stelle der von Schilter aus den Werken Alkuins, Gregors des Grossen, Augustins und Hieronymus beigebrachten Quellennachweise »ein umfassenderes und kürzeres Werk zum Grunde zu liegen,« schien durch die Ergebnisse der Kelle'schen Untersuchungen in der Einleitung zum ersten Teil seiner Ausgabe erheblich an Wahrscheinlichkeit verloren zu haben. Auch die beträchtliche Anzahl neuer Parallelstellen, um die Piper und Erdmann auf Grund der von Kelle angenommenen Quellenschriften das von ihm schon beigebrachte Quellenmaterial vermehrten, schien seine Annahme nur von neuem zu bestätigen. Und doch konnte ich die sich mir immer wieder von neuem aufdrängende Frage nicht unterdrücken: Ist es denkbar, dass für die Herstellung der Otfrid'schen Dichtung eine so grosse Anzahl so umfangreicher verschiedener Quellenwerke herangezogen sein sollte, wie sie Kelle angiebt? Dieser Zweifel bewog mich, mir einen Ueberblick über die theologische Literatur und Bildung des karolingischen Zeitalters zu verschaffen, um aus ihm dann möglicherweise die Spuren zu gewinnen, die zur Entdeckung des von Lachmann geahnten, aber nicht aufgefundenen Werkes führen konnten. Ich bin hierbei zu folgenden Ergebnissen gelangt.

Unter den vielfachen Bemühungen Karls des Grossen um die Bildung des Klerus, die ihren gesetzgeberischen Ausdruck in verschiedenen, das Mass der wissenschaftlichen Anforderungen bestimmenden Kapitularen fanden, war es vor allen Dingen auch

---

*) Der Artikel »Ottfrid« in Ersch und Grubers Encyklopädie ; wieder abgedruckt im ersten Band der kleineren Schriften p. 449—460.

seine unausgesetzte Sorge, die Geistlichkeit zu erhöhter Pflege der Predigt anzuregen. Er beauftragte zu dem Zweck um das Jahr 783 Paulus Diakonus, aus den Werken der Kirchenväter eine Mustersammlung von Predigten zusammenzustellen, und versah sodann diesen so geschaffenen, in die beiden Teile *Homiliae de tempore* und *Homiliae de Sanctis* zerfallenden Homiliarius mit einem eigenen Empfehlungsschreiben an die Bischöfe des Reichs. Ohne Zweifel war es dem Kaiser bei der Verbreitung dieser Homiliensammlung hauptsächlich darum zu tun, dem Geistlichen eine Vorlage für die Predigt in deutscher Sprache in die Hand zu geben; und wenn die im Jahre 813 zu Tours abgehaltene Synode die ausdrückliche Bestimmung trifft, jeder Priester solle Homilien besitzen »*(habeat)*« und dieselben »*transferre studeat in rusticam romanam linguam aut theotiscam, quo facilius cuncti possint intelligere, quae dicuntur*« — eine Bestimmung, die das unter dem Vorsitz des Hrabanus Maurus abgehaltene Conzil zu Mainz mit denselben Worten wiederholt —, so ist wohl anzunehmen, dass mit jenen Homilien eben die Sammlung des Paulus Diakonus gemeint sei, welche die Prediger in die Volkssprache übersetzen, also als Musterpredigten gebrauchen sollten.

Ein Werk, das von so hoher Stelle aus angeregt und gefördert, auf dessen Benutzung durch Synodalbeschlüsse wiederholt hingewiesen wurde und das andererseits dem Geistlichen die Ausübung seines Predigerberufs ungemein erleichtern musste, konnte einem Manne von der Sorgfalt und wissenschaftlichen Bedeutung Otfrids unmöglich unbekannt geblieben sein. Ja Otfrid, der, wie aus dem Widmungsschreiben an den Bischof Liutbert von Mainz hervorgeht, nicht nur monachus, sondern auch presbyter gewesen ist und als solcher zum Predigen berufen und befähigt war, wird ohne Frage auch seiner homiletischen Tätigkeit das kaum achtzig Jahre vorher entstandene Werk des Paulus Diakonus zu Grunde gelegt haben. Was lag nun aber näher, als dass unser Dichter, dessen Evangelienbuch ebenfalls ausgesprochen geistlich-didaktische Absichten verfolgt und sich allein in der poetischen Form von den von der Kanzel zur Gemeinde gesprochenen Predigten unterscheidet, jenen Homiliarus als Vorlage auch für seine Dichtung heranzog und so gewissermassen auf dichterischem Wege den Wünschen Karls und der Synoden Genüge tat?

Nachdem sich so a priori die Wahrscheinlichkeit einer Benutzung des Homiliars von Paulus Diakonus bei der Abfassung des Otfridischen Evangelienbuches ergeben hat, können wir zu der Inhalt und Ausdruck betreffenden Vergleichung beider Werke schreiten, als deren Ergebnis wir die folgenden Uebereinstimmungen gewinnen.

I. 3.

35—36: Fon anagenge worolti unz anan ira zîti zeli dû thaz kunni, so ist einlif stuntôn sibini.

*IIom. I. 92**:

sive septies undecim sive undecies septem dicamus, septuaginta septem perficiemus . . . . . Beatus Lucas catalogum Dominicae generationis septuaginta septem generationibus terminavit incipiens a Joseph et usque ad ipsum Deum conditorem perveniens.

I. 4: Fuit in diebus Herodis regis sacerdos nomine Zacharias.

Hom. II. 19 (Beda):
Fuit in diebus Herodis regis Judaeae sacerdos nomine Zacharias etc. (Luc. 1,5).

85—86: Thiu quena sun was dragenti joh sih harto scamênti, thaz siu scolta in eltî mit kinde gân in henti.

Hom. II. 14 (Ambrosius):
Erubescebat ergo Maria, erubescebat etiam Elisabeth; et ideo cognoscamus, quid intersit inter mulieris et virginis verecundiam. Illa de causa erubescebat, haec per verecundiam: in muliere modus pudoris adhibetur, in virgine pudoris augetur gratia.

Möglicherweise braucht aber für diese beiden Schlussverse des 4. Capitels, das sich im übrigen durchaus an die Erzählung des Evangeliums anschliesst, überhaupt keine Vorlage angenommen zu werden.

I. 5: Missus est Gabriel angelus.

Hom. I. 7. (Beda):
In illo tempore missus est angelus Gabriel etc. (Luc. 1.26).

*) Ich citiere nach der Ausgabe von Migne, Patrologiae Cursusr Completus Tom. 95. Ein Vergleich dieser Ausgabe, die den Abdruck einer Kölner Ausgabe vom Jahre 1539 giebt, mit den alten Drucken von 1493 Basel, 1516 Basel, 1516 Lyon und 1525 Köln ergab mancherlei Abweichungen dieser Drucke von dem Texte Migne's, doch waren dieselben für unsern Zweck ohne Bedeutung.

**) Die mit I versehenen Homilien sind in dem ersten Buche des Homiliars (Hom. de tempore), die mit II versehenen in dem zweiten (Hom. de sanctis) enthalten.

13 14 : Thô sprach er êrlîcho uhar al,
sô man zi frowûn scal,
sô boto scal io guatêr, zi druhtînes
muater.

39—40: Habên ih gimeinit, in
muate bicleibit,
thaz ih einluzzo mîne worolt
nuzzo.

67—70: Wolaga ôtmuatî, so guat
bistu io în nôti;
thû wâri in ira worte zi folle-
mo antwurte.

Druhtîn kôs sia guatêr zi
eigeneru muater;
si quad, si wâri sîn thiu zi
thionôste garawu.

71 : Engil floug zi himile zi selb druh-
tîne.

I. 6 : Exsurgens autem Maria abiit in
montana.

1—2 : Fuar thô sancta Maria, thiarna
thiu mâra,
mit îlu joh mit minnu zi ther iru
mâginnu.

15—18: Nu singemês alle mannolîh bî
harne:
wola kind diuri, forasago mâri!
wola kind diuri, forasago mâri!
jâ kundt er uns thia heilî,
êr er giboran wâri.

I. 8. Cum esset desponsata Mater Jesu.

5—8 : Ouh, so iz zi thisu wurti,
iz diufal ni bifunti;
joh thiu racha sus gidân
nam thes huares thana wân.
Er sia êrlîcho zôh, in Aegyp-
tum mitiflôh
joh brâhta sa afur thanne
zi themo ira heiminge.

Quae salutatio quantum humana
consuetudine inaudita, tantum est
beatae Mariae dignitati congrua.

Quomodo, inquit, fieri potest, ut
concipiam pariamque filium, quae
in castimonia virginitatis
vitam consummare disposui?

Magnam quippe humilita-
tis constantiam tenet, quae
se ancillam sui conditoris
dum mater eligitur appellat.

Hom. I. 9. (Beda):
Mox ut angelus qui loquebatur ei
ad coelestia rediit.

Hom. II. 43. (Ambrosius):
Exsurgens Maria in diebus illis
abiit in montana etc. (Luc. 1,39).
Quasi laeta pro voto, ..., festina
pro gaudio, in montana perrexit.

Hom. I. 9. (Beda):
In illo tempore exsurgens Maria
abiit in montana cum festinatione
etc.:
Antequam nasceretur, adve-
niente Domino quibus vale-
bat indiciis intimavit.

Hom. I. 17. (Origenes):
In illo tempore cum esset despon-
sata Mater Jesu etc. (Mt. 1,18).
Quae fuerit necessitas ut
desponsata esset Maria Jo-
seph, nisi propterea quate-
nus hoc sacramentum diabolo
celaretur et ille malignus
fraudis commenta adversus
desponsatam virginem nul-
la penitus invenisset? Vel
ideo fuerat desponsata Jo-
seph, ut, nato infanti, vel
ipsi Mariae curam videretur

10—14a: er was in sitin fruatêr
joh heilag inti guatêr,
Iz was imo ungimuati thuruh
sîno guatî,
joh thâhta, iz imo sâzi, ob
er sia firliazi;
Er thâhta imo onh in gâhî thia
managfaltûn wîhî,
joh thia hôhûn wirdî.
16: hintarquam bi nôti thera
mihilûn guatî.

25—26: Si birit sun zeizan, ther ofto
ist iu giheizan;
thie buah fon imo singent, wioz
forasagon zellent.

I. 9: Elisabeth autem impletum est
tempus pariendi.

I. 11. Exiit edictum a Caesare Augusto.

55—58: Druhtîn queman wol-
ta, thô man alla worolt
zalta,
thaz wir sîn al gilîche
gibriefte in himilrîche.
In krippha man nan legita, thâr
man thaz fihu nerita,
want er wilit unsih scowôn zi thên
êwînigên goumôn

gerere Joseph sive in Aegyp-
tum iens vel inde denuo
veniens.
Sicut pius, sicut mansue-
tus, sicut misericors. Talis
ergo cum esset Joseph, cogi-
tabat eam occulte dimit-
tere ....

Major est enim ejus dig-
nitas, superexcellit ejus
sanctitas.
timebat sibimet istius tan-
tae sanctitatis conjunctionem
adhibere.
Iste est de quo Scriptura prae-
nuntiat dicens. Puer natus est
nobis et Filius datus est nobis.

Hom. II. 22. (Beda):
In illo tempore Elisabeth impletum
est tempus pariendi etc. (Luc. 1,57).

Hom. I. 18. (Gregor):
In illo tempore exiit edictum a
Caesare Augusto etc. (Luc. 2,1).

Quid est quod nascitu-
ro Domino mundus de-
scribitur, nisi hoc quod
aperte monstratur, quia
ille veniebat in carne, qui
electos suos adscriberet
in aeternitate? ..... Unde
et natus in praesepio reclinatur, ut
fideles omnes videlicet sancta ani-
malia, carnis suae frumenta refice-
ret, ne ab aeternae intelligentiae
pabulo jejuna remanerent.*)

I. 12: Für v. 31—32 führt auch Erdmann Gregors Homilie
als Quelle an; es ist dieselbe, die auch schon für Kapitel 11
von Otfrid benutzt war.

*) Die von Erdmann für v. 57—58 angeführte Quellenstelle: Duri
praesepis angustia continetur, nt nos per caelestis regni gaudia dilatet — findet
sich in dieser Fassung nur in Bedas Lukas-Kommentar, nicht aber auch in Gregors
Homilie, wie Erdmann irrtümlicherweise angiebt.

25: Sie kundtun uns thia frun.a frua
joh lêrtun onh thâr sang zua.

29—30: Wir sculun naben thaz sang,
theist scôni gotes antfang,
wanta e n g i l a u n s z i b i l i d e
b r â h t u n iz fon himile.

Hom. II. 22:
spiritus angelici qui sunt vicini ejus
et cognati, cives videlicet, ejusdem
patriae coelestis, quam et ipsa
exspectat, qui hymnum gloriae Deo
canendo quid illa per orbem esset
actura priores i p s i d e c o e l i s
a d m o n e b a n t.

Die von dem Wortlaut der Vulgata abweichende Fassung
der Randbemerkung »gloria in excelsis« (altissimis Vulg.) findet
sich ebenso in Gregors Homilie.

I. 1 3: Pastores loquebantur ad invicem.

Hom. I. 20. (Beda):
In illo tempore pastores lo queban-
tur ad invicem etc. (Luc. 2,15).

I. 14: Die Homilie II. 9. (Beda) enthält wörtlich die von
Erdmann für v. 9—20 aus einer Homilie Hrabans beigebrachten
Quellenstellen.

I. 15: Hom. I. 42. (Origenes) enthält wörtlich die von
Piper und Erdmann für v. 45—48 aus dem Lukas-Kommentar
Bedas beigebrachte Quellenstelle.

I. 16:
4—8: witua gimuati gihialt si fram
thio gnatî.
Sîd si tharbên bigan thes liobes
zi iro gomman,
sô habêta si in githâhti, wâr si then
drôst suahti.
Zi themo gotes hûs fuar si sâr,
joh leita si ira daga thâr,
kûmta thâr thaz ira sêr, ni ruahta
gommannes mêr.

23—28: Thaz kind wuahs untar man-
non, sô lilia untar thornon;
sô bluama thâr in crûte, sô scôno
thêh zi guate.
Wizzi thêh imo ana sâr, thaz was
gilumflîh in wâr;
sih w î s d u a m e s irfulta, sô gotes
sun scolta.
Gotes geist imo anawas; ni
tharft thu wuntorôn thaz,
want iz was imo anan henti zi sî-
neru giwelti.

Hom. I. 42. (Origenes):
Bonum est ut primum, si qua
potest virginitatis gratiam possidere,
si antem hoc non potuerat, sed
evenerit ei ut perdat virum, vidua
perseveret.

Deus aeternus erat, nec confor-
tari indigebat, nec habebat augeri.
Unde rectissima plenus sapientia
perhibetur et gratia. S a p i e n t i a
quidem, quia in ipso habitat omnis
plenitudo divinitatis corporaliter.
G r a t i a autem, quia eidem media-
tori Dei et hominum, homini Jesu
Christo magna gratia donatum est,
ut ex quo homo fieri coepisset, per-
fectus esset et Deus.

I. 17:

67--72: Ih sagên thir thaz in wâra, sie
mohtun bringan mêra;
thiz was sus gibâri, theiz geistlîchaz
wâri.
   Kundtun sie uns thanne, sô wir
firnemen alle,
gilouba in girihtî in theru wuntar-
lîchûn gifti:
Thaz er urmâri uns êwarto wâri,
onh kuning in giburti joh bi un-
sih dôt wurti.

Hom. I. 48. (Gregor):
Magi vero aurum, thus et myrrham
deferunt. Aurum quippe regi con-
gruit, thus vero in dei sacrificium
ponebatur, myrrha autem mortuo-
rum corpora condiuntur. Eum er-
go magi quem adorant mysticis
muneribus praedicant: auro regem,
thure deum, myrrha mortalem.

I. 18: Hom. I. 48. (Gregor) enthält wörtlich die von
Kelle, Piper und Erdmann aus Hrabans Matthäus-Kommentar
beigebrachte Quellenstelle.

I. 22: Cum factus esset Jesus annorum
duodecim.

Hom. I. 52. (Beda):
In illo tempore cum factus esset
Jesus annorum duodecim. (Luc.
2,42).

I. 23: Hom. I. 11. (Gregor) enthält wörtlich die von Kelle,
Piper und Erdmann für v. 27—28 und 63—64 aus Bedas Lukas-
Kommentar beigebrachten Quellenstellen.

45: ni drôstet iuih in thiu thing, thaz
iagilîh ist ediling.

Hom. I. 11:
Judaei de generis nobilitate glo-
riantes....

I. 25: Venit Jesus a Galilea ad Jo-
hannem.

Hom. I. 51. (Beda):
In illo tempore venit Jesus a Gali-
lea in Jordanem ad Johannem etc.
(Matth. 3,13).

I. 26: Hom. I. 51. (Beda) enthält wörtlich die von Kelle,
Piper und Erdmann aus Hrabans Matthäus-Kommentar für dies
Kapitel und v. 19—30 des vorigen beigebrachten Quellenstellen.

II. 3: In principio erat verbum.

Hom. I. 21. (Beda):
In principio erat verbum etc.

Die von Kelle, Piper und Erdmann für dieses Kapitel aus
Alkuins Johannes-Kommentar beigebrachten Quellenstellen finden
sich in derselben Fassung in genannter Homilie Bedas.

II. 3:

59—66: Er fuar in einôti, ni deta er
iz bî nôti;
thâr korata sîn sâr harto ther selbo
widarwerto.

Hom. I. 51. (Beda):
tribus consonantibus evangelistis
baptizatus, mox jejunium quadra-
ginta dierum solitarius exercuit, sed
nos profecto docuit, nosque suo in-

Thaz det er, thaz thu iz wessîs,
thih thara ingegin rustîs,
want er hiar in lîbe thîn âhtit io
zi nîde.
Bi thiu îlemês, io gigâhôn zi thên
druhtînes ginâdôn,
er unse wega irwente fon themo
fiante ;
Er unsih ni bisoufe after themo
themo doufe,
joh iagilîh biwenke, thaz er nan
ni firsenke.

formavit exemplo, ut post acceptam
in baptismo remissionem peccatorum,
vigiliis, jejuniis, orationibus caete-
risque Spiritus fructibus operam
demus, ne nobis torpentibus minus-
que sollicitis immundus spiritus, qui
de corde nostro expulsus in baptis-
mo fuerat, redeat.

II. 4 : Ductus est Jesus in desertum.

H o m. I. 72. (Gregor) :
In illo tempore ductus est Jesus in
desertum.

Die beiden von Kelle, Erdmann und Piper für v. 45 und
v. 61—65 aus Hrabans Matthäus-Kommentar beigebrachten
Quellenstellen finden sich in Gregors Homilie nicht; im übrigen
stimmt Hraban mit Gregor aber wörtlich überein.

II. 5: Die von Kelle, Piper und Erdmann aus Hrabans
Matthäus-Kommentar beigebrachten Quellenstellen finden sich
ebenso in Hom. I. 72. (Gregor); zu bemerken ist nur, dass die Ver-
suchungen *gula, vana gloria et avaritia* bei Gregor in derselben
Reihenfolge aufgezählt sind wie bei Otfrid: *zi girî, joh zi ruame,
zi suâremo richiduame*, während Hraban in dieser Reihenfolge
von Otfrid abweicht.

II. 7 : Stabat Johannes et ex discipulis
ejus duo.

H o m. II. 1. (Beda) :
In illo tempore stabat Johannes et
ex discipulis ejus duo etc. (Joh.
1,35).

Die von Kelle, Piper und Erdmann für v. 50 aus Alkuins
Johannes-Kommentar beigebrachte Quellenstelle findet sich in
derselben Fassung in genannter Homilie Bedas.

II. 8 : Nuptiae factae sunt.

H o m. I. 53. (Beda) :
In illo tempore nuptiae factae
sunt etc.

Der von Piper und Erdmann für v. 23—26 aus Alkuins
Johannes-Kommentar beigebrachte Nachweis ist in Bedas Ho-
milie, die in den übrigen in Betracht kommenden Stellen
mit Alkuin übereinstimmt, nicht enthalten; doch könnte für
diese Verse vielleicht die folgende in Hom. I. 49 sich findende
Stelle als Quelle angesehen werden : *Ideo venerabilis Maria et
vere ut Mater Domini in spiritu futura praenoscens ac domini-*

cam praevidens voluntatem sollicite ministros admonuit dicens:
quodcunque dixerit vobis facite. Sciebat profecto mater sancta
objurgationem illam Domini filiique sui non irascentis offensam
praetendere.

II. 9:

1 — 2: Thisu selba redina, theih zalta nu
hiar obana,
breitit siu sih harto geistlîchero
worto.

7 — 10: Fernemet sâr in rihtî, thaz K r i s t
ther brûtigomo sî,
joh drûta sîne in lante
zi theru brûti ginante,
Thier in himilkamaru irfullit io
mit gamanu
blîdlîches muates joh êwînîges
guates.

H o m. l. 53 (Beda):

Nunc redeamus ad alteriorem coe-
lestium laetitiam figurarum

S p o n s u s e r g o C h r i s t u s ,
sponsa ejus est ecclesia, f i l i i
s p o n s i v e l n u p t i a r u m
s i n g u l i q u i q u e f i d e l i u m
e j u s s u n t.

In den für v. 10—98 in Betracht kommenden Stellen stimmt
Beda mit Alkuins Kommentar überein, auf den Kelle, Piper und
Erdmann verweisen.

II. 10.: Hom. I. 53. (Beda) enthält wörtlich die von Kelle,
Piper und Erdmann aus Alkuins Johannes-Kommentar beige-
brachten Quellenstellen.

II. 11: Prope erat Pascha Iudaeorum.

H o m. I. 74:

In illo tempore prope erat Pascha
Iudaeorum.

Die von Erdmann für v. 27 -- 30 aus einer Homilie Bedas
beigebrachte Quellenstelle findet sich in derselben Fassung in
Hom. I. 74 des Homiliars.

41 — 50: Thaz wir ni missifiangîn ouh
sô ni missigiangîn,
rihta uns then sin hiar filu fram
therêr gotes drûtman;
E r l ê r t a u n s i h j o h z e i n -
ta, t h a z d r u h t î n u n s ê r
m e i n t a
(thaz wir ni kêrtîn thanana ûz!)
t h a z s î n e s l î c h a m e n h û s.
T h a z d r u h t î n h a b ê t f u r i -
s t a j o h w î h e s l i o b ô s t a
o u h w î s d u a m e s t h a n n e,
thaz bûit al thârinne;
T h a z z i w u r f u n s e, l ê s !
m i t b i t t i r î t ô t h e s,

H o m. I. 98:

In illo tempore prope erat Pascha
Iudaeorum:

De quo templo hoc dixerit,
ostendit evangelista cum subdit:
H o c a u t e m d i c e b a t d e
templo corporis sui. T e m-
p l u m d i g n i s s i m u m, s a n c-
t u m c o r p u s s u u m d i c i t, s a-
c r a r i u m d i v i n i t a t i s q u i a
u t a p o s t o l u s a i t:
» In ipso habitat omnis
plenitudo divinitatis cor-
poraliter et sunt in illo
omnes thesauri sapien-

mit wâfanu âna redina zilôslun sie thia selida.

Er yrriht iz sciaro joh harto filu ziaro thes thritten dages, so er gihiaz, joh then tôd ouh zistiaz.

II. 12 : Erat homo ex Pharisaeis Nichodemus nomine.

tiae et scientiae abscondi ti.«Hoc templum solvendum erat in passione, excitandum citissime diei tertii resurrectione.

Hom. I. 157. (Beda):
In illo tempore erat homo ex Pharisaeis Nichodemus nomine etc.

Die von Kelle, Piper und Erdmann aus Alkuins Johannes-Kommentar beigebrachten Quellenstellen finden sich in derselben Fassung im genannter Homilie Bedas.

II. 13: Der von Erdmann für v. 31: »*ni mizit er imo sînaz guat, so er uns suntigon duat*« aus Alkuins Johannes-Kommentar beigebrachte Nachweis findet sich ebenso in Alkuins Werk »de fide sanctae et individuae trinitatis«, das in den meisten Ausgaben des Homiliars enthalten ist.

II. 14:

4 : ni lâzent thie arabeit es frist themo, wârlîcho man ist.

Hom. I. 95:
Filius Dei ad terrenum laborem nostrum dignatus est descendere. Quod fatigatus venit, infirmitatem carnis, quod sedit, humilitatem ostendit. Fatigatus ergo resedit, quia et imbecillitatem carnis pro nobis suscepit et homo humilis inter homines apparuit.

9—10: Ther evangelio thâr quit, theiz mohti wesan sexta zît, theist dages heizesta joh arabeito meista.

81—84: Thô quâmun thie jungoron innan thes; sie wuntar was thes thinges, sih wuntorôtun harto iro zueio worto,
Thaz sih liaz thiu sîn diurî mit ôtmuatî sô nidiri,
thaz thaz êwînîga lîb lêrta thâr ein armaz wîb.

Hora ergo sexta Dominus ad puteum venit, quando sol ad inferiores circulos a summo coeli centro incoepit declinare.
Venerunt discipuli, qui erant in civitate ut cibos emerent. Mirantur tantam Christi dispensationem, tantam clementiam, qua perditam ovem quaerebat, quae gentilem et erroneam mulierem docebat.

II. 16: Hom. II. 81. (Augustinus) enthält wörtlich die von Kelle, Piper und Erdmann für v. 7—8 aus Hrabans Matthäus-Kommentar beigebrachte Quellenstelle; die für v. 1—2 aus diesem Kommentar angeführte Stelle findet sich dagegen bei Augustin nicht.

II. 17: Vos estis sal terrae, et: vos estis lux mundi.

1—6: Ir birut mihil werda salz therera erda,
iueraz giráti scal salzan woroltdáti;
Thaz sie mit then wuntôn nirfûlên in thên suntôn,
noh mit themo meine ni werdên zi âz eine.
Ir sie, so ih iuih heize, giduet mir filu suaze,
joh io mir in muate sie liubet zi guate.

11—12: Ir birut ouh ubar thaz in lioht scînantaz
in thesemo erdringe, thaz worolt irri ni gê.

H o m. II. 92. (Augustinus):
In illo tempore dixit Jesus discipulis suis: Vos estis sal terrae. (Mt. 5,13).

Nam neque superius ista terra accipienda est quam pedibus corporeis calcamus, sed homines qui in terra habitant, vel etiam peccatores, quorum condiendis et exstinguendis putoribus apostolicum salem Dominus misit. Et hic mundum non coelum et terram, sed homines qui sunt in mundo vel diligent mundum, oportet intelligi, quibus illuminandis apostoli missi sunt.

II. 19: Die von dem Wortlaut der Vulgata abweichende Fassung der Randbemerkung *odies* (Vulg. *odio habebis*) *inimicum tuum* findet sich ebenso in Hom. I. 69.

II. 21:
3—8: Thaz sî in herzen thanne, thaz thir es wiht ni intfalle;
gidougno in themo muate, theiz thir irgê zi guate!
In herzen sî iz scôno, thaz iu es got gilôno,
sî ther githang iu festi innan theru brusti;
Thaz io bî themo meine thaz muat sî fasto heime,
then hugu in thên githankon ni lâzet wergin wankôn.

H o m. I. 69. (Augustinus):
Cubiculum, quod nominat, non occultam domum ostendit, sed cordis nostri secretum. Hinc Psalmista dicit: Quae dicitis in cordibus vestris et in cubilibus vestris compungimini? Et claudentes ostia orate, inquit, ad Patrem vestrum in abscondito. Parum est intrare in cubicula, si ostium pateat importunis, per quod ostium ea quae foris sunt, improbe se immergunt, et interiora nostra aperiunt. Foris autem dicimus esse omnia temporalia et visibilia, quae per ostium, id est carnalemsensum in cogitationes nostras penetrant et turbae vanorum phantasmatum orantibus obstrepunt. Claudendum est ergo ostium, id est, carnali sensui resistendum, ut oratio spiritalis dirigatur ad Patrem, quae fit in intimo cordis, ubi oratur Pater in absconso.

17—18: In herzen betôt harto
kurzero worto
joh lûtoro thâre, thaz iz got
gihôre.

de corde mundando prae-
cepit.

II. 22: Nemo potest duobus dominis
servire.

Hom. I. 177:
In illo tempore dixit Jesus disci-
pulis suis: Nemo potest duobus
dominis servire (Mt. 6,24).

III. 2: Erat quidam regulus.

Hom. I. 189. (Gregor):
In illo tempore erat quidam regu-
lus etc. (Joh. 4,46).

III. 3: Hom. I. 189 enthält wörtlich die von Kelle, Piper
und Erdmann für dieses und das vorige Kapitel aus Alkuins
Johannes-Kommentar beigebrachten Quellenstellen.

III. 4.

3—6: Thâr quad man, thaz
thô wâri fihuwiâri,
sô iz thio buah thar zel-
lent, in kriahhisgon nan
nennent;
Wanta man sus wanne
wuasg thaz fleisg thârin
ne, thanne man sô wolta
zemo ophere scolta.

17—21: Wang ta zuein (ih sagên
thir thaz), thero jâro fiar-
zug ni was,
thaz er lag zi wâre in themo selben
sêre.
Thie langûn zîti Krist gisah joh
ouh selbo zi imo sprah,
ob inan giwurti, thaz er heil wurti?
Odo er wânta, meinti, zi themo
wazare imo zeinti.

Hom. I. 77:
Probatica Graece, Latine
dicitur pecualis, προβατον
quippe dicitur ovis. Et
piscina illa probatica
vocatur, quia ibi sacer-
dotes hostiarum quas in
templo dei immolabant,
cadavera abluebant.

Triginta et octo annos in infir-
mitate habuisse dicitur, duo vi-
delicet minus de quadra-
ginta.
Sanaturus Dominus infirmum
diuturno languore tabescentem
interrogavit, utrum vellet sanus
fieri, non quod eum id velle ignO-
raret, sed ut eum ad majus sani-
tatis desiderium accenderet, qui
jam longa decubatione pene salu-
tem desperaverat..... Unde et
ille causam impossibilitatis coepit
obtendere et conqueri, quod homi-
nem non haberet qui eum post
motionem aquae in piscinam mit-
teret.

Die von dem Wortlaut der Vulgata abweichende Fassung
der Randbemerkung: *surge, tolle lectum* (Vulg. *grabatum*) *tuum*
findet sich ebenso in Hom. I. 77.

III. 5.

1—6: Iliar mugun wir instantan (thaz
eigun wir ouh funtan),
thaz quement ummahti fon sun-
tôno suhti.
Tho er mo firbôt thio dâti, thaz
er ni suntôti,
thes giwartêti, thaz wirs imo ni
wurti:
Thô riht unsih thiu redina,
thaz wir uns wartên thanana,
thaz suht ni derre uns mêra thên
lidin joh thera sêla.

9—10: Er wialt thera fîra, so iz gizam,
thaz iro nihein ni firnam,
thaz er mit sînên mahtin was thes
dages druhtîn.

Hom. I. 77:
Quibus verbis ostendit quia propter
peccata sua languebat nec nisi
illis dimissis sanari poterat .....
Unde et eum Dominus caute prae-
monuit, ne iterum peccando gravi-
oris sententiam damnationis incur-
reret.

Legis litteram stultissime defen-
debant, ignorantes dispensationem
Domini salvatoris qui ipsam legem
per servum dederat ac nunc per
semetipsum veniens, eandem legem
in gratiam sancti Evangelii mutare
disponebat.

Hom. I. 99:
non intelligebant eum esse aucto-
rem sabbati.

III. 6: Abiit Jesus trans mare Gali-
leae.

Hom. I. 97 (Beda):
In illo tempore abiit Jesus trans
mare Galileae etc.

36: iz wuahs thâr thera ferti in mun-
de joh in henti.

Hom. I. 197. (Augustinus):
Quis enim et nunc pascit universum
mundum nisi illi qui de paucis
granis segetes creat. Fecit ergo
quomodo Deus. Unde enim multi-
plicat de paucis granis segetes,
inde in manibus suis multi-
plicavit quinque panes.

III. 7; Hom. I. 97 (Beda) wird auch von Kelle, Piper und
Erdmann als die allein in Betracht kommende Vorlage genannt.

III. 11: Hom. I. 80 (Beda) wird auch von Kelle, Piper
und Erdman als Quelle für dies Kapitel genannt.

III. 12: Venit Jesus in partes Cae-
sareae Philippi.

23—24: Deta einêr thes thô
redina, firsprah thie sel-
buu thegana;
Pêtrus sprah thâr ubarlût, ther
furisto druhtînes drût.

Hom. II. 11 (Beda):
In illo tempore venit Jesus in
partes Casareae Philippi etc.

Petrus respondit unus
pro caeteris.

THE INSTITUTE OF MEDIAEVAL ST. MICHAEL'S COLLEGE

<table>
</table>

31—34: Nu willu ih thir giheizan:
Pétrus scalt thu heizan,
thaz thu in giloubu, ih sagên thir
ein, sîs sô festi io sô stein;
Thâr ih oba wille, thie mîne liobon
alle,
gizimborôn thaz mîn hûs, thaz
sie nirgangên thanan ûz.

Petrus qui Simon antea diceba
tur, ob fortitudinem fidei et con-
fessionis suae constantiam, a Do-
mino Petri nomen accepit quia
videlicet illi firma ac tenaci mente
adhaesit. — Supra quam aedifica-
tur ecclesia, quia non nisi per
fidem et dilectionem Christi, per
susceptionem sacramentorum Christi
ad sortem electorum et aeternam
pertingitur vitam.

37—40: Thir willu ih geban innan thes
sluzila himiles,
thaz thu waltês alles thes selben
inganges;
Thaz thên thie dûrî sîn bidân,
thie tharin ni sculun gân,
joh ouh thên insliazês, thie thu
tharzua gilia.ês.

Qui regem coelorum majori prae
ceteris devotione confessus est, me-
rito prae ceteris ipse collatis clavi-
bus regni coelestis donatus est, ut
constaret omnibus, quia absque ea
confessione et fide regnum coelo-
rum nullus posset intrare. Claves
autem regni coelorum ipsam discer-
nendi scientiam potentiamque no-
minat, qua dignos recipere in reg-
num, indignos recludere deberet
a regno.

III. 14: Die von Piper für v. 61 b: *thie wârun mornente*
aus Bedas Lucas-Kommentar angeführte Stelle enthält in der-
selben Fassung die unter I. 64 in den Homiliarius aufgenommene
Homilie Gregors, während sich die von Erdmann für v. 97—98
beigebrachte Quellenstelle ebenso in der unter I. 153 in den
Homiliarius aufgenommenen Homilie des Hieronymus findet.

III. 15: Ambulabat Jesus in Galileam.

Hom. I. 107: In illo tempore ambu-
labat Jesus in Galileam.

5—14: Sih nâhtun eino zîti,
thaz man thô fîrôti
eina wechûn thuruh nôt,
sô ther wizzôd gibôt,
Thaz ther liut zi flîze
sâzi wechûn ûze
mit spîsôno ginuhtîn; sô in gi-
bôt ju druhtîn.
Iz ward êr ju, âna wân,
zi einên gihugtin gidân
thera samanungu, zi eineru ma-
nungu,
Thaz sie thes irhogêtîn
joh iro muat io manôtîn

Scenopegia erat festi-
vitas tabernaculorum quan-
do mense septimo omnes
Judaei in tabernaculis
lege praecipiebantur in-
habitare, in memoriam
illius temporis quo per
XL annos in tabernaculis
absque ullis domibus
commorati sunt in de-
serto....
per VII dies in tabernacu-
lis habitabant.

wio fon Egypto fuarun,
thie fordoron iro wârun;
Wio sie in thesa redina
wârun âna selidâ,
in huttôn giwâro sâzun
fiarzug jâro.

15: Thô bâtun sîne sibbon.

Fratres Domini usitatissimo ser-
mone sacrae Scripturae consangui-
nei ipsius secundum carnem, con-
sobrini videlicet ipsius intelli-
guntur.

19—20: Thaz er thârgisceinti
thia sîna gomaheiti,
mit zeichonon gidâti,
thaz inan ther liut ir-
knâti.

Illi quidem suadebant ire in
Judaeam et suam potentiam
miraculis mundo inno-
tescere.

25—26: Ni gilouptun, sô se
scoltun, thie thaz fon
imo woltun,
in imo was in mêra thisu
woroltêra.

Quoniam gloriam mun-
danam quaerebant, in
eum, quem gloriae hujus con-
temptorem noverant, credere
nolebant.

Die von dem Wortlaut der Vulgata abweichende Fassung
der Randbemerkung: *nemo tamen palam loquebatur de illo*
(Vulg. *eo*) findet sich ebenso in Hom. I. 107.

III. 16: Jam die festo mediante.

Hom. I. 99:
In illo tempore jam die festo me-
diante etc. (Joh. 7,14).

33—48: Ih deta ein werk mâraz,
giwisso wizît ir thaz,
theih bi einan man gimeinta,
in sambazdag giheilta.
Gibôt Moyses, ir ni mîdêt, nir
iu kind bisnîdêt;
thaz gibot was thoh mêr bi altên
fordorôn êr.
Wirdit thaz ouh âna wân ofto
in sambazdag gidân,
zi thiu thaz sie geflizên, thaz sîn
gibot ni slîzên;
Joh thaz ouh heili thanne que-
me tbemo manne
joh ouh sâlida ginuag, want es
ther wizzôd giwuag.
Nu ir sambazdag ni mîdet, nir
iu kind bisnîdêt,

Unam enim rem fecerat,
sanaverat in sabbato para-
lyticum.
Moyses quidem legem decrevit,
ut circumcisio servaretur, sed non
ipse auctor est circumcisionis. Mul-
to enim ante legem tempore Abra-
ham primus recepit circumcisionem
a Domino.....
Novi quia circumciditis, quoniam
signum salutis est, et non debet
homo in sabbato vacare a salute....

thaz man irfulle thuruh nôt, sô
ther wizzôd gibôt:
Ziu ist thanne iu widar-
muati thisu selba guatî,
theih einan man allan in
then dag deta heilan?

Nirdeilet unrehto, thaz
inman adal ahto;
duet rehtaz urdeili uns
zuein hiar gimeinil
Zi imo thih ni bilgis, oba
thu in sambazdag thaz duis;
ouh ni belget widar mih,
oba ih duan sô samalîh.

III. 17: Perrexit Jesus in montem
olivarum.

21—34: Sie sprâchun thaz in wâru bi
eineru fâru,
sie woltun thâr gifuagen, thaz sie
nan mohtîn ruagen;
Joh thia sîna guati gilastorôn bî
nôti,
sînu wort wîsu sus zi therera wîsu;
Wanta unsêr druhtîn zalta ginâ-
da io managfalta
ginâdîgero worto, fualen wir es harto!
Quâti er, man sia liazi, wanta
ist ginâda suazi,
thes urdeiles inbunti, iz alles wio
ni wurti:
Sie zigîn nan in wâra, thaz er
thia altûn lêra,
then wizzôd, sô man hôrti, in
abuh redinôti.
Quât er ouh bî nôti, thaz man
sia steinôti:
sô widorit er in wâru sînes selbes lêru;
Odo sprâchin bî thaz, ther êr
ginâdîgêr was,
thaz suazes er gilêrti, zi sarphidu
iz bikêrti.

47—48: Wanta iagilîh thô thâr instuant,
thaz ther man scolta wesan guat,
zi guatên sih gizeliti, ther sun-
tîgan sô queliti.

Illis qui in sabbato parvu-
los circumcidebant, non ira-
scebantur, Domino autem in-
dignabantur quia in sabbato
totum hominem salvum fe-
cisset.
»Justum, inquit, judicium
judicate«, quod si facitis
neque me, neque Moysen
condemnabitis.

Hom. I. 95 bis:
In illo tempore perrexit Jesus in
montem Oliveti.

Sciebant enim idcirco vel maxi-
me Dominum a turbis amari, quia
misericordiam praedicabat et pecca-
tores benignissime suscipiebat: ideo-
que cum invenissent mulierem in
adulterio exsultabant invenire se
tentandi occasionem. Adduxerunt
ergo eam ad Dominum percontan-
tes quid de ea fieri juberet. Dice-
bant enim ad invicem: Si dixerit:
Lapidanda est haec mulier juxta
decretum Moysi quasi misericordiae
oblitum quam praedicabat, deride-
bimus sicque eum odiosum turbis
a quibus diligitur faciemus.
Si vero lapidari eum prohibuerit
quasi legis adversarium et fautorem
scelerum publice comprehendemus
et mortis supplicio condemnabimus.

Moyses hujusmodi lapidare prae-
cepit, sed hoc a justis et non a
peccatoribus fieri praecepit. In
hoc vero quod ante datam senten-

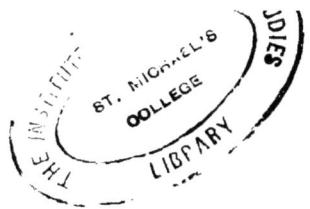

ST. MICHAEL'S COLLEGE LIBRARY THE INSTITUTE OF MEDIAEVAL STUDIES

tiam et post inclinato se scribebat in terra, figuraliter admonuit ut et priusquam peccantem fratrem corripiamns, et postea antequain ei ministerium correptionis impenderimus, sollicita atque humili investigatione perpendamus utrum aut ipsis de quibus alium castigamus, aut aliis peccatis obnoxii simus.

III. 18: Quis ex vobis arguet me de peccato?

Hom. I. 105 (Gregor):
In illo tempore dixit Jesus turbis Judaeorum et principibus sacerdotum: Quis ex vobis arguet me de peccato? (Joh. 8,46.)

Die von Kelle, Piper und Erdmann für v. 53—60 und 65—66 aus Beda und Alkuin beigebrachten Quellenstellen finden sich in demselben Wortlaut in der genannten Homilie Gregors.

Die Verse 67—68 enthalten aber eine Reminiscenz an eine andere Homilie des Homiliars:

67—68: Thaz steinîna herza
ruarta thô thiu smerza,
ruarta thô thiz selba leid, thaz
emmizîgên fruma meid.

Hom. I. 108:
amplius vim verborum ejus ferre non valentes, quia ipsi corda lapidea gestabant ad lapides cucurrerunt.

III. 19: Hom. I. 105. (Gregor) enthält die von Kelle, Piper und Erdmann aus Alkuins Johannes-Kommentar beigebrachten Quellenstellen in derselben Fassung, doch findet sich bei Alkuin nicht eine von Otfrid für v. 29—30 benutzte Stelle Gregors:

29—30: Wir duen avur zi êrist
sô wir mugun wirsist.
bristit uns thera dâti, sô
threwen wir zi nôti.

Facit mala quae potest;
minatur et quae facere
non potest.

III. 20.
63—64: Thanne ouh fon ther menigî
sprâchun thara ingegini,
(ahtôtun iz reinôr joh harto filu
kleinôr.)

Hom. I. 100:
Alii qui illuminationi appropinquabant, dicebant.

139—142: Oba thu scowôst thaz
muat, thanne nist thaz
wort guat,
wanta wântun harto thes,
thaz sie mo bâtîn ubiles.
In rehtemo muate ergê
uns iz io zi guate,
thaz wir io muazîn blîde
wesau scalka sine.

Si enim cor eorum intuearis, maledictum est, quia hoc maledicentis affectu protulerunt. Si verba ipsa perpendas, exoptabilis est benedictio. Quis enim non desideret, discipulus esse Christi?

171—174: Sô druhtîn inan thô gisah,
er selbo sâr thô zi imo sprah
(thera sêla deta er gimeini thes
lîchamen heilî:)
»Giloubistu in then gotes sun,
ther quam fon himile herasun?«
gab er antwurti thô (was thes gisiu-
nes fîlu frô).

Sed ille qui cum tantum corpo-
reis oculis videbat, corde nondum
intelligebat. Jam Dominus inuncti
faciem lavat, jam cordis oculos
illuminat, denique ille lotus et illu-
minatus spiritualiter respondit:
credo.

Die von dem Wortlaut der Vulgata abweichende Fassung
der Randbemerkung: *respondit* (Vulg. *dixit ergo eis*) *ille* findet
sich ebenso in Hom. I. 100.

III. 21.

7—28: Allaz mankunni thaz thulta
grôzo grunni,
ouh ubar manag ubilaz finstarnissi
sêraz;
Suntâ fîlu suâro, thaz sagên ih
thir giwâro,
ni liazun se unsih frowôn, thaz
rehta lioht biscowôn.
Thiu blintî uns, wân ih, wurti
fon Adâmes giburti,
ouh mennisgôn allên fon suntôn,
thên wir fallen.
Gisah thô druhtîn nô·i, thio un-
sero armuatî,
thio blintûn giburti, er uns ginâdîz
wurti.
Nôt heiz ih hiar thaz, want es rât
thô ni was,
laba noh gizâmi, fon imo uns iz
ni quâmi.
zi fleisges gisceftin mit allên sînen
kreftin.
Thô er zi thiuz gifiarta, mit
sulî·hu unsih ruarta,
mit sîneru giburti, theiz uns zi fru-
mu wurti.
Thô ward thaz wort sînaz zi
lîchamen gidânaz,
Thie dâti uns wola tohtun joh sîd
gisehan mohtun,
inliuhte giwisse fon themo alten
finstarnisse.
Mannilîh nu loufe zi themo scô-
nen doufe,
thara inan Krist thô wanta joh
selbo thara santa.

Hom. I. 100:

Caecus ergo iste genus humanum
praesignat, quod in primo parente
caecatum est, quia ex illo omnes
traximus non solum originem mortis,
sed etiam iniquitatis. Et bene non
solum caecus, sed etiam caecus a na-
tivitate dicitur, quia omnes homines
cum peccato originali nascimur et
gravissima caecitate depressi in
mundum veniamus quam caecitatem
de radice primi parentis contraxi-
mus .... Ista erant opera Dei
Patris propter quae Dei Filius ve-
nerat, illuminatio videlicet et sana-
tio generis humani.

Piscina ergo illa baptismus est
Christi.

Wizîst thaz in alawâr: thaz wazar heizit ouh sô thâr,
wanta Krist es weltit, ther hera ward gisentit.
Ni wurti man niheinêr fon suntôn sînên heilêr,
ther fater nan ni santi joh hera in worolt wanti.

Siloe, quod interpretatur missus

Christus enim vere est missus, quia nisi ille fuisset missus, nullus nostrum a peccato fuisset dimissus.

Für v. 7—10 scheint aber die folgende Stelle aus der unter I. 64 in den Homiliarius aufgenommenen Homilie Gregors besser zu stimmen: *Caecus quippe est genus humanum, quod in parente primo a paradisi gaudiis expulsum, claritatem supernae lucis ignorans damnationis suae tenebras patitur;* doch da diese Homilie nicht die Heilung des Blindgebornen, sondern die des Blinden von Jericho behandelt, müsste hier eine Reminiscenz angenommen werden.

III. 22: Facta sunt encaenia.

Hom. I. 108:
In illo tempore facta sunt encaenia etc. (Joh. 10,22.)

5—8: Giang thô druhtîn innan thes in porziche thes hûses;
ther namo detaz mâri, er Salomônes wâri;
Thaz mohta sîn in wârî thuruh sîna ziarî,
thaz man zi thiu nan zelita. then namon imo irwelita.

Porticum Salomonis dicit, in qua rex ille quondam potentissimus ad adorandum stare solitus erat atque ideo ex ejus nomine cognominari coeperat. Solent autem porticus quibus templum illud cingebatur, nomine templi appellari.

10: sprâchun zi imo in fârûn, sô sie giwon wârun.

Circumdederunt eum Judaei non agnoscendae veritatis, sed gratia ingerendae tentationis

31—32: Ih inti fater mîn joh thiu êwinîgî sîn (ni mithuh iuêr nihein) — ist unkêr zueio wesan ein.

Ego et pater unum sumus. »Unum,« inquit »sumus« una nobis substantia.

64: thaz wir ein sculun sîn, ih inti fater mîn

In me Pater est et ego in Patre. Vult ergo concludere quod verum dixit: Ego et Pater unum sumus.

III. 23: Erat quidam languens Lazarus.

Hom. I. 102:
In illo tempore erat quidam languens Lazarus.

1—4: Iro ist filu thrâto, thero
druhtines dâto,
joh managfalt ouh manne
al zi zellenne;
Tho willuh hiar nu sun-
tar zellen einaz wuntar;
iz ist, thaz ni hilih thih,
thên anderên allên un-
gilîh.

Inter omnia miracula
quae Dei Filius, ut suam
panderet divinitatem, operatus
est, supereminet hoc et
quasi quemdam obtinet
principatum quod circa La-
zarum fecit.

15—18: Sie santum bî then bruader
zi Kriste kunden iro sêr;
was in thâr ginuagi, man
ekrod es giwuagi,
Er ekrodi thaz westi sâr
zi theru fristi,
thia ummaht, thia er thâr
tholêta, then er sô minnôta.

Non dixerunt: veni ut languentem
sanes. Non hoc certe ausae sunt
dicere; sufficiebat illis, si
tantum nosset quod infirma-
retur, sciebant enim, quod
non desereret quem amabat.

45—46: »Wola ist, druhtîn,« quâ-
dun, »thaz! thanne wirdit
imo baz;
nu quimit lîchtida imon
muat, sô ofto siochemo duat.

Si dormit, inquiunt, salvus
erit. Solet enim somnus in
aegrotante juvene indicium
esse salutis.

30: sie erquânun ôdo in thrâtî thera
êrerûn dâti.

Territi sunt discipuli quod audie-
bant illum velle iterum in Judaeam
venire. Noverant conspirationem im-
manissimam qua illum Judaei perse-
quebantur.

III. 24.
107—108: Bigondun sume iz zellen mit
ubilemo willen
thên furistên êwartôn zornlîchên
worton.

Hom. I. 110:
gratia deferendi ut contra eum sae-
virent.

III. 25: Collegerunt pontifices et Pha-
risaei concilium.

Hom. I. 110:
In illo tempore collegerunt ponti-
fices et Pharisaei concilium etc.
(Joh. 11,47).

III. 26.
7—10: Sie rietun, was sies woltîn joh
was sies duan scoltîn, harto ginôto,
thera selbûn gotes dâto;
Thoh nie sprâchun sie in wâr,
thaz sie giloubtîn gote sâr,
thaz sie iro herza iz lêrtîn joh
frammortes iz gikêrtîn.

Hom. I. 110:
Quid, inquiunt, facimus? miseri non
dicebant: credamus.

15--22: Sie quâdun thes ginuagi, oba
man nan nirsluagi,
thaz sie mit giwelti wurtîn elilenti
Joh tharbêtîn thes sindes thes
iro heiminges,
sâr io thes fartes thes eigenen
lantes.
Wir sculun avur ahtôn, wir wola
iz ni bidrahtôn,
thaz wir thiu werk êrên, in muat
uns siu gikêrên:
Thaz wir âna enti werden eli-
lenti,
tharbên scônes rîches, then hôhen
himilrîches.

Temporale regnum amittere ti-
muerunt, de vita autem aeterna
cogitare neglexerunt.

IV. 3.

13—16: Bî hin se thes ni hogêtîn, oba
sie thaz gifrumitîn,
thaz er nan mohta âna wân heizan
afur ûfstân;
Joh mit theru krefti avur nan
irquicti,
ther êr nan tôde binam, hiaz ûzer
themo grabe gân !

Hom. I. 117 (Augustin).
O cor durum occidere velle homi-
nem qui mortuos suscitabat.

IV. 4: Cum appropinquasset Iliero-
solymis.

Hom. I. 1 (Chrysostomos) :
In illo tempore, cum appropinquas-
set Jesus Jerosolymam etc.
Hom. I. 113 (Beda):
In illo tempore, cum appropinquas-
set Jesus Hierosolymis etc.

IV. 5.

5—18: Thaz selba fihu birun wir, irkenn
iz selbo bî thir;
thurub dumpheiti sô birun wir iz
nôti !
Esil, wizun wir thaz, theist fihu
filu dumbaz;
ni mîdub mih thero worto: ist
huarilînaz harto;
Iz mag ouh in wâra burdîn dra-
gan suâra;
mag scadon harto lîdan, ni kann
inan bimîdan.
Wir wârun io firlorane joh sun-
tôno biladane,
druagun bi unsên wirdin thero um-
mezlîcha burdîn;

Hom. I. 1: (Chrysostomos).
Propter quasdam tales similitudines
animalibus his assimilati sunt ho-
mines, Deum vel Dei Filium non
cognoscentes. Est enim animal hoc
immundum, et prae ceteris pene
jumentis magis irrationabile et stul-
tum, et infirmum, et ignobile,
et oniferum magis: sic fuerunt et
homines ante Christi adventum ido-
lolatrae, passionibus diversis im-
mundi et irrationabiles, verbi ratio-
ne carentes, quantum ad Deum
stulti.

Joh wârun wir gispannan, mit
sêru bifangan,
mit ubilu gibuntan, ni muasun unsêr
waltan.

Wir wârun umbitherbe joh harto
filu dumbe,
sô thie sâr got nirknâent ouh imo
sih ni nâhent;
Wârun wir firhuarôt mit abgoton
thuruh nôt,
mit missidâtin managên bigan uns
iz harto gaganen.

19—23: So er thaz thô wolta werkôn,
ginâdôn sînên scalkon,
er unsih heilti thuruh nôt, thaz
ther oliberg bizeinôt
(Er zeinôt hôhî in wâra
thera sînera ginâda,
thaz olei ouh thia slihtî
thera sînera êregrehtî).

23—34: Thô sant er drûta uns sîne
heim mit sînên giboton zuein
(thaz bizeinônt thâre thie jungoron
zuêne),
Thaz sie liuti lêrtîn, untar in sih
minnôtîn,
ouh alles wio ni dâtîn, mit minnu
got irknâtîn;
Thaz sie unsih muadon funtîn,
fon ungiloubu inbuntîn,
mit bredigu gibeittîn, thaz sie unsih
zimo leittîn;
mit lêru sie unsih thaktîn, fon un-
giloubu irwaktîn,
thaz Kriste iz wurti suazi, in herzen
unsên sâzi!
Giwisso sô firnemen wir, thaz
Krist ni bûit in thir,
thia wât sie in thih ni
leggên, mit bredigu bithe-
kên.

Hom. I. 95 bis:
Mons oliveti sublimita-
tem dominicae pietatis
ac misericordiae desi-
gnat, quod in ipso satis
claret vocabulo, quia
mons Oliveti a misericor-
dia nomen trahit, ελεος
namque Graece, Latine
misericordia dicitur. Na
tura quoque olei myste
rio aptissime convenit
atque gratiam praemon-
strat misericordiae.

Hom. I. 1:
Duos autem misit apostolos, quia
per duo generalia mandata omne
genus hominum de peccato abso-
lolvitur. Qualia? Diliges Dominum
Deum tuum ex toto corde tuo et
proximum tuum sicut teipsum.

Vestimenta sunt praecepta divina
et gratia spiritalis. Sicut enim
turpitudo nuditatis vestimento tegi-
tur, sic naturalia mala carnis no-
strae praeceptis et gratia divina
teguntur .... Ergo imposuerunt ve-
stimenta sua super eos, id est, man-
data et gratias quas ipsi acceperunt
a Christo: super Judaeos et gen-
tiles imposuerunt, id est, tradide-
runt; nec enim requiescere
in eis potuisset Christus,
nisi mandata ejus fuis-
sent in eis.

Sâr so iro sito bilidi sie thih
gileggent ubari
(thes giloubi thu mir): sô bûit
druhtîn in thir.

35—40: Er leitit mit gilusti thih zer
heimwisti,
joh rihtit unsih alle zi themo
kastelle;
Zi filu hôhên mûrôn joh zi
eiginên gibûrôn,
zi festî thes wíches, thes hôhen
himilrîches.
Thaz ander al, theist niwiht;
theist frides furista gisiht,
selben gotes nâhwist: sô wola nan,
ther thâr ist.

41—46: Thiu mihila menigî, thia wât
thâr breitta ingegini:
martyro heriscaf; then weg man
forahten ni tharf!
Sie wurfun nidar âna wank i r o
s ê l ô n o g i f a n g,
thes lîchamen bruzî; thes ganges
thih nirthruzzi !
Sie sturbun baldo, sô man weiz ;
ni dâtun sie iz in urheiz,
ouh ni dâtun sulih duam thuruh
theheinan woroltruam.

53—56: Slihtit uns ingegini then weg
thiu selba menigî
mit estin thero waldo, thaz wir
gangên baldo.
Theist giscrîb heilag, thaz wir
lesen ubar dag,
mit thi uns then weg, sôsô zam,
strewent thie gotes man.

61—64: Thaz selba, thaz thie sungun,
thie thârfora giangun:
thaz selba inquad in wâra thiu
aftera fuara;
Sîn drût thehein, ther wurti êr
sîneru giburti,
farnam, thaz scolti werdan thaz,
thaz wir nu eigun garawaz.

II o m. I. 113 (Beda) :
ad visionem supernae pacis per-
ducit. Hierosolyma etenim visio
pacis interpretatur.

Plurima haec turba innumerabi-
lem martyrum designat exercitum
qui corpora sua, a n i m a r u m
v i d e l i c e t t e g u m e n t a, pro
domino dabant.

Rami arborum dicta sunt Patrum
praecedentium exempla.

Una eademque confessionis et
laudationis voce Dominum, qui
praeibant et qui sequuntur exaltant,
quia nimirum fides est eorum, qui
ante incarnationem Dominicam et
qui postea fuere probati, quamvis
sacramenta habuerint pro tempore
ratione disparia, Petro attestante,
qui ait : Sed per gratiam Domini
Jesus credimus salvari quem admo-
dum et illi.

Kelle war durch die Tatsache, dass in ähnlicher Weise
wie Otfrid auch Hrabanus Maurus bei Ausdeutung des Einzugs Chri-
sti in Jerusalem zunächst jener Homilie des Chrysostomos und
dann dieser Bedas gefolgt war, zu dem Schluss gelangt, dass
Otfrid nicht diese Homilien, sondern den Matthäus-Kommentar
des Hrabanus Maurus vor Augen gehabt haben müsse. Die
späterhin von Erdmann für v. 41—52 angezogenen Stellen: Alcuin
de div. off. XIV: *turba plurima significat innumerabilem martyrum
exercitum, qui corpora sua pro Domino tradiderunt* — und
Hrab. homil. in die palm.: *martyres...., qui corpora sua pro
Christo morti tradiderunt, nobisque exemplum dederunt, ... ut
pro Christi fide cuncta adversa patienter toleremus* — hatten
an Stelle des von Kelle aus Hrabans Kommentar beigebrachten
Nachweises viel genauere Entsprechungen gesetzt. Doch können
auch sie unserm Dichter nicht als Vorlage gedient haben; es
kann vielmehr nur die im Homiliarius enthaltene Homilie Bedas
als solche angesehen werden, da sie allein die Worte »animarum
videlicet tegumenta« enthält, die Otfrid in v. 43 durch »iro sê-
lôno gifang« wörtlich wiedergegeben hat. Da sich nun hin-
wiederum der Satz, der den Versen 31—34 zu Grunde gelegt
ist, nämlich: *nec enim requiescere in eis potuisset Christus, nisi
mandata ejus fuissent in eis* — allein bei Chrysostomos findet,
so kann nur angenommen werden, dass Otfrid für den ersten
Teil dieses Kapitels bis zum vierunddreissigsten Verse die Ho-
milie des Chrysostomos und von da bis zum Schluss die des
Beda benutzt, also die beiden verschiedenen, jedoch denselben
Text behandelnden Homilien des Homiliarius gewissermassen
zu einer neuen poetischen Homilie verschmolzen hat.

IV. 7: Hom. II. 95 (Gregor) enthält in derselben Fassung
die von Erdmann für v. 67—68 aus Hrabans Matthäus-Kommen-
tar beigebrachte Quellenstelle.

IV. 11: Ante diem festum Paschae
sciens Jesus quia venit.

Hom. I. 118 (Beda):
Ante diem festum Paschae sciens
Jesus quia venit etc.

18: thiu sîn hôha guatî lêrte
sie ôtmuatî.

Locuturus de maxima humilitate
assumptae humanitatis prius comme-
morat aeternitatem divinae potesta-
tis, ut et ipsum verum Deum ho-
minemque demonstret, et ut nos
illius praecepti admoneat, ut
quanto magni sumus, humilie-
mur in omnibus.

19—20: Sô er es ĉrist bigan, er sâr
zi Pétruse quam,
yrsciuht er filu thrâto sulîchero
dâto.

.

51—52: Joh untar in mit guatî ir-
bietêt ôtmuatî,
mit mihilên minnôn iz frammort
zeigôt mannon.

Quod autem inchoata pedum la-
vatione dicitur, venit ergo ad Simo-
nem Petrum non ita intelligendum
est quasi post aliquos ad illum ve-
nerit, sed quia ab illo qui primus
apostolorum erat, coeperit, et ille
tale ministerium, quia mystcrium
nesciebat, non frustra horruerit.

l'er charitatem serviamus invicem,
non solum in lavando pedes fra-
trum, sed etiam in quibuslibet eo-
rum necessitatibus adjuvandis.

IV. 20: Augustins Tract. super psalm. 63, auf den auch
Kelle für v. 39—40 verweist, ist in dem hier in Betracht kom-
menden Teil unter I. 117 in den Homiliarius aufgenommen.

IV. 27: Bedas homil. dccoll. Joh., auf die Kelle, Erdmann
und Piper für v. 19—22a verweisen, ist unter II. 51 in den
Homiliarius aufgenommen.

IV. 36.
Sô sie sîn mêr thô wial-
tun, thaz grab ouh baz
bihialtun;
sô wir io mêr giwisse in
themo irstantnisse.

V. 1.
1—2: Ist filu manno wuntar, thaz
zellu ih hiar nu suntar.
ziu druhtîn hiar in woralti thes
krûzes tôd irweliti.

7—8: Wir wizun âna zwîual, thaz er
thes wialt ubar al,
er bi unsih tôd thulti, sô wio so er
selbo wolti.

11—12a: Mit fiuru sie nan brantîn
mit wazaru ouh irqualtîn,
odo ouh mit steinônne.

19—21: Thes krûces horn thâr obana
thaz zeigôt ûf in himila;
thie arma joh thie henti thie zei-
gônt woroltenti;
Ther selbo mittilo boum ther
scowôt thesan woroltfloum.

25—28: Thaz sih es thara wentit, theiz
innan erdu stentit —

Hom. I. 126 (Maximus):
Quo enim diligentius cu-
stodierunt tumulum, eo
constat illum manife-
stius surrexisse.

Hom. I. 91 (Beda):
Sed nec hoc genus mortis, qui
crucifigendus a saeculo praecona-
batur, elegerat.

Non igitur a Nazaraeis praecipitari,
non ab Hierosolymis lapidari, non
inter pueros Bethlehemitas ab He-
rode perimi, non alia, vel alia, vel
alia voluit morte consummari.

Ipsa figura monarchiae singula-
ris potuisset typus haberi, ut quo-
modo triumphum crucis exponens
Apostolus ait: In nomine Jesu
omne genu flectatur coelestium et
terrestrium et infernorum. Hoc
est enim quod ejusdem crucis ca-
cumina ad coelos tendunt, ima

nim gouma, waz thaz meinit, theiz
untar erda zeinit:
Mit thiu ist thâr bizeinit, theiz
imo ist al gimeinit
in erdu joh in himile inti in ab-
grunte ouh hiar nidare.

petunt inferos, cornua terram te-
gunt.

V. 2.

1—7: Nu sculun wir unsih rigilôn mit
thes krûces segonon,
mit Kristes selben worton widar
fianton.
Thaz sculun wir zi wârôn in
unsên endin mâlôn,
in unsemo annuzze, thaz uns iz
wola sizze;
Zi thiu ouh in themo ende, thaz
unsêr muat sih mende
sulîchera rustî ingegin âkusti.
Wir duemês thaz, ih sagên thir
ein, mit unsên fingoron zuein.

Hom I. 91 (Beda):
Quod enim tali morte regiae pote-
statis judicium, quo fidelium frons
armaretur emineret? sed solum cru-
cis exspectatum est vexillum,
cujus figura et celerrimo dexterae
motu contra maligni hostis tenta-
menta depingi.

9: Drag thu, giloubi thu mir, then
gundfanon anan thir.

11—12: Nist fiant hiar in rîche, nub er
hiar fora intwîche,
ther diufal selbo thuruh nôt, sô er
thârana scowôt.

V. 4.

7—12: In morgan was in wâra
thero ôstorôno fîra,
was ouh thes dages diurî
thâr harto filu mâri.
Thes sunnûn âbandes sâr
irhuabun sih thiu wîb in wâr,
ni dâtun sies thô bîtûn, zi
themo grabe se îltun.
Wânu, iagilîh thô îlti
thuruh thio spâtûn zîti;
thaz thiu fîra irdualta, thiu
minna iz in irfulta.

Hom. I. 122 (Beda):
Sabbato quidem siluerunt
secundum mandatum.. Cum
autem transisset Sabbatum
vesperaque adveniente tem-
pus operandi redisset mox
prompte ad devotionem
emerunt.

Erdmann führt für v. 11—12 eine Kommentarstelle Bedas
an, in der das grosse Verlangen der Frauen den Leichnam des
Herrn zu besuchen mit ihrer glühenden Liebe zu ihm begründet
wird, während sich von einer Erklärung dafür, warum sie sich
erst am Sonnabend Abend zum Grabe begeben konnten, wie
sie in genannter Homilie Bedas und nach ihr im Evangelien-

buch gegeben ist, nichts findet. Für v. 27—30 verweist dann Erdmann ebenfalls, wie auch Kelle und Piper, auf die Homilie Bedas.

39—40: Wio mag wesan thaz io	Hom. I. 123 (Gregor):
sô, thaz unsêr iuih egiso?	Vos autem, cur pertimesce-
jâ birun wir in wâra iu eige-	tis, quae vestros concives
ne gibûra.	videtis?

Kelle hatte für v. 40 b auf Hebr. 1,14 verwiesen: *nonne omnes sunt administratorii spiritus in ministerium missi propter eos, qui haereditatem capient salutis.* — Auch Erdmann und Piper, die ausserdem auch noch apoc. 19,10: *conservus tuus sum* — als Parallelstelle anführen, nehmen an, dass v. 40 b auf jene Stelle aus dem Hebräerbrief zurückzuführen sei, und kommen deshalb zu der Übersetzung des Ausdrucks »*iu eigene gibûra*« in »*dienstbare Geister*«, »*euch eigen angehörende Dienstleute.*« Scherz dagegen hatte in seinen Anmerkungen zu Schilters Ausgabe des Evangelienbuchs »*iu eigene gibûra*« durch »*vestri proprii vicini*« wiedergegeben, eine Erklärung, deren Richtigkeit durch den oben beigebrachten Nachweis aus Gregors Homilie nunmehr bestätigt wird.

Die von Erdmann für v. 61 aus Bedas Markus-Kommentar beigebrachte Quellenstelle findet sich in demselben Wortlaut in genannter Homilie Gregors.

V. 5: Una sabbati Maria Magdalena venit ad monumentum.	Hom. I. 133 (Gregor):
	In illo tempore, una sabbati Maria Magdalene venit mane, cum adhuc tenebrae essent, ad monumentum etc.

Die von Kelle, Piper und Erdmann für v. 1—4 und 15—16 aus Alkuins Johannes-Kommentar beigebrachten Quellenstellen finden sich in derselben Fassung in Gregors Homilie.

21—22: Er stuant fon theru steti frua	Hom. I. 122 (Beda):
(wir sculun huggen tharzua),	Surrexit mane prima sabbati quae
thâr er lag giborgan, in sunnûn	nunc dies Dominica vocatur.
dag in morgan.	

V. 6.

1—8: Thie jungoron in wâra bizeinônt	Hom. I. 133 (Gregor):
racha mâra,	Quid fratres, quid cursus iste si-
joh iro zueio loufa dât flu diafa.	gnificet? Quid ergo per Joannem
These selbûn dâti bizeinônt zuêne	nisi Synagoga, quid per Petrum
liuti:	nisi Ecclesia designatur?

thie Judeon giwâro joh folk ouh
heidinero.

Wio sie dâtun widar got, hiar
ist iz gibilidôt
gidougno, so ih thir rediôn, in
thesên êvangeliôn ;
Joh wio siez ouh firnâmun, zi
giloubu sîd biquâmun,
irluegêtun bî nôti thie selbûn
Kristes dôtî.

11—14: Jôhannes in giwissî, thoh er jungero sî, bizeinôt in therera dâti thero Judeôno liuti. Pêtrus ther alto in thes gi- scrîbes worto, thes thih mag wesan wola niot, bizeinit heidinan thiot.	Nec mirum esse videatur quod per juniorem Synagoga, per senio- rem vero Ecclesia signari perhibetur, quia etsi ad Dei cultum prior est Synagoga quam Ecclesia gentium, ad usum tamen saeculi prior est multitudo gentium quam Syna- goga... Per seniorem ergo Petrum significatur Eccle- sia gentium, per juniorem vero Joannem Synagoga Judaeorum.

Die für v. 15—66 in Betracht kommenden Stellen dieser
Homilie Gregors stimmen wörtlich überein mit den von Kelle,
Piper und Erdmann aus Alkuins Johanneskommentar beige-
brachten Nachweisen.

V. 7: Maria autem stabat ad monu- mentum.	Hom. I. 131 (Gregor): In illo tempore Maria stabat ad monumentum etc. (Joh. 20,11).

V. 8: Hom. I. 131 (Gregor) enthält in derselben Fassung
die von Kelle, Piper und Erdmann für dies und das vorangehende
Kapitel aus Alkuins Johannes-Kommentar beigebrachten Quellen-
stellen. Auch die für v. 49—57 des achten Kapitels angeführte
Stelle Alkuins, von der Erdmann bemerkt, dass sie sich bei
Gregor nicht finde, ist in demselben Wortlaut in genannter
Homilie enthalten.

V. 9*: Duo ex discipulis Jesu ibant in castellum.	Hom. I. 125 (Gregor): In illo tempore duo ex discipulis Jesu ibant in castellum etc. (Luc. 24,13.)
V. 11: Stetit Jesus in medio discipu- lorum suorum.	Hom. I. 127 (Beda): In illo tempore stetit Jesus in medio discipulorum suorum etc. (Joh. 20,19.)

19—42: Thô wurtun sie gidruabte
zwîvalemo muate,
ni giloubtun thesa redina thuruh
thes herzen frewida.
Ni det er thes thô bîta, hiaz
ruaren sîna sîta;
sie henti ouh sîno ruartîn, thaz sie
ni zwîvolôtîn.
Thaz deta druhtîn thuruh thaz,
want er giwuntôtêr was,
thaz sie alleswio ni dâtîn, bî thiu
nan thoh irknâtîn.
Want er ward thâr giwâro giwun-
tôt filu suâro,
zi ferehe gistochan, iz ward thoh
sîd girochan.
Sie ouh thô sô dâtun joh
noh thô zuîvolôtun;
was in thaz herza filu frô,
bi thiu wuntorôtun sie sih sô.
Sô giburit manne, thara
er sô ginget thanne;
gisihit thaz suaza liabaz sîn;
thoh forahtit, theiz ni megi
sîn.
Sulîh hiar ouh ruarta thie selbun
Kristes drûta;
sie habêtun nan in hanton, herzen
zuîvolônton.
Hiaz er imo thanne geban zi
ezanne;
noh wârun zuîvilîne thie selbun
drûta sîne.
Sus lokôta er mit minnôn thie
drûtmennisgon,
sus io thesên dâtin, thaz sie nan
irknâtîn;
Thaz fon in wurti funtan, thaz
er was selbo irstantan,
joh sie giwisso ouh westîn, thaz
er stuant fon thên restîn.
Wanta iz mag man wizan, ther
the wilit ezan,
thaz inan lîb ruarit, joh lîchamon
fuarit.
Az er fora in thô thâre, thaz
westîn sie zi wâre,
thaz er thaz ferah habêta, in
lîchamen lebêta.

Non autem sine causa manus
suas potius ac pedes quam vultum
quem aeque noverant, eos videre
ac recognoscere jubet, sed ut, visis
clavorum signis quibus cruci erat
affixus, non solum corpus esse quod
videbant, sed ut ipsum Domini sui
corpus quod crucifixum noverant,
intelligere possint. Unde bene Jo-
annes, dominicae apparitionis memo-
riam faciens, latus quoque, quod a
milite fuerat vulneratum, discipulis
eum ostendisse perhibet, ut quo plu-
ra notissimae passionis ac susceptae
mortis judicia cognoscerent, eo cer-
tiori patratae jam resurrectionis ac
dirutae mortis fide gauderent ....
Sed infirma adhuc eorum
praecordia novitatem tantae
potentiae capere nequeunt
magisque mirari prae gaudio,
quod videbant, quam cre-
dere, quod docebantur, inci-
piunt. Verum Dominus, ne quid
in eorum mente resideret ambigui,
sumptis etiam epulis, comedit coram
eis, ut si visibus oculorum, si
suorum tactibus non crederent digi-
torum, vel alimentorum carnalium
perceptione carnem esse, quae appa-
ruit, cognoscerent.

THE INSTITUTE OF MEDIAEVAL
ST. MICHAEL'S
COLLEGE
LIBRARY

V. 12: Hom. I. 134 (Gregor) führen auch Kelle, Piper und Erdmann für v. 1, 9—14, 15—20 und 25—30 als Quelle an, während sie für den übrigen Teil dieses Kapitels entsprechende Quellenstellen aus Alkuins Johannes-Kommentar beibringen. Doch auch diese finden sich in derselben Fassung in Gregors Homilie.

| V. 13: Manifestavit se Jesus ad mare Tyberiadis. | Hom. I. 129 (Gregor): In illo tempore manifestavit se iterum Jesus discipulis suis ad mare Tyberiadis. |

V. 14: Hom. I. 129 enthält die von Kelle, Piper und Erdmann aus Alkuins Johannes-Kommentar beigebrachten Quellenstellen in derselben Fassung.

| V. 15: Cum ergo prandissent, dicit Jesus Petro. | Hom. II. 23 (Beda): In illo tempore dixit Jesus Petro etc. (Joh. 21,15.) |

Die von Kelle, Piper und Erdmann für dies Kapitel aus Alkuins Johannes-Kommentar beigebrachten Quellenstellen finden sich in derselben Fassung in Bedas Homilie.

V. 19.

Hom. I. 3. (Gregor):

21—30: Weist thu, wio bî thia zît ther gotes forasago quît?
er zelit bî thaz selba thing, thaz thâr sî mihilaz githuing;
In imo man thâr lesan mag, theist ist âbulges dag,
arabeito, quisti joh managoro angusti;
Thaz ist ouh dag hornes joh engillîches galmes,
thie blâsent hiar in lante, thaz worolt ûfstante;
Theist dag ouh nibulnisses joh wintesbrûti lêwes,
thiu zuei firwâzent thanne thie suntîgon alle;
Hermido ginôto joh wênagheiti thrâto
(waz mag ih zellen thir hiar mêr?)
thes ist ther dag al follêr.

De illo etenim die per prophetam dicitur: Juxta est dies Domini magnus, juxta et velox nimis. Vox diei Domini amara, tribulatur ibi fortis.
Dies irae dies illa, dies tribulationis et angustiae, dies calamitatis et miseriae, dies tenebrarum et caliginis, dies nebulae et turbinis, dies tubae et clangoris.

30—34: Lâsi thu io thia redina, wio druhtîn threwit thanana?
thâr duat er zi gihugte, er thanne himil scutte,

De hac die Dominus iterum per prophetam dicit: »Adhuc semel et ego movebo non solum terram, sed etiam coelum!« Ecce, ut prae-

W e r   i s t   m a n n o   i n   l a n t e,
t h e r   t h a n n e   w i t h a r s t a n t e,
t h a n n e   e r   i z   z i   t h i u   g i f i a -
r i t ,   t h a z   s i h   t h e r   h i m i l
r u a r i t !

37 : Nist ther dag sumirih dagon ande-
rên gillh.

V. 20 : Cum venerit Filius hominis in
sedem.

9—10 : T h a z   m e i n t u n   h i a r
t h i e z u ê n e, t h i e   w î z u n   m a n
t h i e   s c ô n e,
t h i e   q u â t u n ,   s â r   s o   e r
w o l t i ,   e r   s a m a   q u e m a n
s c o l t i.

19.—20 : Thara ferit al ingegini engilo
menigî,
quement iogillcho tharazua foraht-
lîcho.

diximus, aerem movit et terra non
subsistit; q u i s   e r g o   f e r a t,
c u m   c o e l u m   m o v e r i t?

Unde et considerare necesse est,
quia ab illa tribulatione ultima
tantum sunt istae tribulationes dis-
similes, quantum a potentia judicis
persona praeconis distat.

H o m. I. 73.
In illo tempore dixit Jesus disci-
pulis suis : Cum venerit Filius
hominis in majestate sua.

Q u o d   a n g e l i   d i x e r u n t:
» S i c   v e n i e t ,   q u e m a d m o -
d u m   v i d i s t i s   e u m   e u n t e m
i n   c o e l u m.

Deus manifeste veniet, Deus
noster et non silebit, stipatus mini-
sterio angelorum, qui cum eo ad
judicium venient, ut in eorum prae-
sentia judicentur, qui sub eorum
custodia male vixerunt. Angeli
enim sunt administratorii spiritus,
qui singulis hominibus ad custodi-
am deputantur.

Erdmanns Annahme, dass in *quement* *»nicht die das Ge-
richt erwartenden Menschen (21), sondern die Engel aus 19 als
Subject zu denken«* *find*, erhält durch die Quelle ihre Bestäti-
gung. Ebenso wird auch die Richtigkeit seiner Erklärung des
Wortes *forahtlîcho* = *»in Besorgnis, nämlich für das Schicksal
unzähliger Menschen, speziell ihrer Schutzbefohlenen«* dargetan.

23—24 : N i s t   m a n ,   t h e r   n o h   i o
w u r t i   o d o   o u h   s î   n u   i n   g i -
b u r t i ,
o d   o u h   n o h   w e r d e   i n   a l a -
w â r ,   n u b' e r   s c u l i   w e s a n
t h â r.

39—54 : Sih sceident thâr zi lîbe, thie
wârun hiar giliabe,
zi altere furdir, thaz giloubi thu
mir ;

O m n e s   v i d e l i c e t   h o m i -
n e s   a   p r i m o   A d a m   u s q u e
a d   e u m ,   q u i   i n   f i n e   m u n d i
n a s c i t u r u s   e s t , q u i q u e   a b
e x o r d i o   m u n d i   j a m   d e -
f u n c t i   s u n t   v e l   q u i   v i v i
i n   c o r p o r e   i n v e n i e n d i
s u n t.

H o m. 1. 2 (Maximus) :
»Illa nocte erunt duo in lecto uno,
unus assumetur et unus relinque-
tur«; hic jam resurrectionis meritum

3*

Muater fona kinde, thaz furdir
si iz ni finde,
joh ther fater, thaz ist wâr, giscei-
dit sib fon in thâr ;
Gisceident sih in alawâr hêrero
inti thegan thâr
fon alteru liubî, thên worton mir
giloubi ;
Gisibbon filu liebe, thie wârun
hiar in lîbe
mit minnôn filu zeizên ; ni mugun
siez thâr giweizen l
Sô selb druhtîn gibôt, sô scal
iz wesan thuruh nôt,
nist in themo thinge, ther thara
ingegin ringe;
Ni mugun siez bibringan, ni iz
werde thâr infangan,
thaz sie êr io minnôtun joh em-
mizzîgên worahtun :
Suaznissi managaz, thie hiar
githionôtun thâz ;
thie anthere iz ni niazent, tharaaf-
ter iamêr riazent.
Sih sceidit, so ih thir zellu, sus
thiu worolt ellu,
friunt fone friunte mit mihilemo
nôte l

81—83a : Gebent sie mit thultî themo
kuninge antwurti
(sie sehent sînaz rîchi,
thie hôhûn guallîchî,
hintarqnement muates).

111—112 : Biginnent sie angusten, sie
wollent sih inzellen ;
er drîbit sie alle thanana, wiht
nist iro redina.

V. 21.

1—2 : Nim nu gouma harto thero
druhtînes worto,
in herzen harto thir gibint, wio
filu egislîh siu sint.

demonstratur, quod pro qualitate
vivendi sit gratia resurgendi, ac
tantam in singulis quibusque resur-
rectionis esse distantiam, ut duobus
etiam pariter dormientibus et una
sede quiescentibus, aequalis non
possit esse assumptio. Quamvis
enim eodem consortii lectulo tene-
antur, pro meritis tamen alter eo-
rum rapietur ad coelum, alter re-
linquetur in terris.

H o m. I. 73 :
Ista sancti respondebunt, s t u p e n-
tes ad immensam et inef-
fabilem majestatem regis
C h r i s t i, et quia omne bonum
quodcunque fecerunt, quamvis fuerit
maximum, tunc illis minimum et
brevissimum videbitur prae magni-
tudine terroris qui tunc erit, sive
prae abundantia inaestimabilis re-
tributionis.

Excusare nituntur, tamquam De-
um fallere possint, sicut quondam
homines despiciebant. Sed tunc
nullam excusationem habere pos-
sunt.

H o m. I. 73 :
Metuenda multumque pertimescen-
da est iste sententia.

5—10: Oba ther scal sîn in beche,
ther armên brôt ni breche:
waz ther, inan ubar thaz ni liaz
habên sînaz?
Nu man wîzinôt then man, ther
armên selidôno irban:
ist ferro irdrîban fon himile ûz, ther
anderemo nimit sînaz hûs!
Oba ouh ther bislipfit, ther
nachotan ni thekit;
waz wânist themo irgange, ther
anderan roubôt thanne?

V. 23.

1—2: Wolt ih hiar nu redinôn (ni
mag iz thoh irkoborôn!),
wio managfalt gilâri in himilrîche
wâri.

17—19: Thes wolt ih hiar biginnan,
ni mag iz thoh bibringan;
thoh wille ih zellen thanana ethes-
lîcha redina.
Nist man nihein in worolti, ther
al io thaz irsagêti.

23—24: Odouh thaz bibrâhti, i n h e r-
z e n e s i r t h â h t i,
s î n ô r a i z i o g i h ô r t i o d
o u g a i r s c o w ô t i.

65—76: Ni nâmun thia meina wâfanes
gouma,
liuto fillennes, noh fiures brennen-
nes;
In muate was in genaz mêr,
thanne thaz managfalta sêr,
thanne in thera fristi thes lîcha-
men quisti.
Wurtun in in dôte thie lîchamon
dôte,
thio sêlâ filu rîche in themo hôhen
himilrîche.
Duemês wir ouh uns in muat thaz
filu managfalta guat,
wir tharzua ouh huggên, thes himil-
rîches thiggên;
Thes emmizîgên fergón gihogt-
lîchên sorgôn
mit mihilên minnôn hiar untar
woroltmannon!

Si ergo ita tenacitas damnatur,
rapacitas quid meretur? aut quid
recipiet, qui alienum tulerit, si sic
punitur, qui de suo non dederit?
Si tale judicium est ei, qui non
fecerit misericordiam, quale erit ei,
qui fecit rapinam?

H o m. II. 62 (Beda):
Consideremus ergo inclytam urbis
illius felicitatem, in quantum con-
siderare possibile est; ut enim vere
est, comprehendere nullus sermo
sufficiet.

N e c o c u l u s v i d i t n e c
a u r i s a u d i v i t n e c i n c o r
h o m i n i s a s c e n d i t.

Sic enim quotidie oporteret nos
tormenta perferre, sic ipsam ge-
hennam parvo tempore tolerare, ut
Christum videre possimus in gloria
venientem . . . . Nonne erat dignum
pati omne quod triste est ut tanti
boni tantaeque gloriae participes
haberemur?

Haec haereant firmiter sensibus
nostris, haec intelligantur plena fide,
haec corde toto diligantur, haec
indesinentium operum magnanimi-
tate acquirantur. Libenter ac promp-
te certemus omnes in agone justi-
tiae, Deo et Christo spectante cur-
ramus.

Flíhemês thio ubilî, thiu unsih
geit hiar ubiri,
îlemês gidròste zi himilrîche ir-
lôste I

77—78: Uns kîlbent hiar in rihtî ma-
nago unmahti ;
thurst inti hungar, thiu ni derrent
uns thâr,

109—114 a : Wir birun zi ummezze hiar
emmizên mit hazze,
in suntôno sunftin mit grôzên ungi-
zunftin ;
Thaz duat uns ubil willo, thes
sint thio brusti uns follo,
joh ubil muat ubar thaz, giwisso
wizîst thu thaz ;
Joh ouh giwisso âna wank harto
nîdîgêr githank,
haz unses muates.

119—121: Ist thorot âna zuîval thiu
bruaderscaf ubar al,
caritâs thiu diura, thiu bûit thâr
in wâra
Mit allên giziugôn, thes ist si
harto giwon.

125—128 a : Bûent ouh gimuato zuâ
suester iro guato
(reht inti frithu) thâr, wizîst thaz
in alawâr ;
Nist man, thoh er wolle, ther
thaz gifuari irzelle,
joh wio sih man thâr frowent.

135—142 : Frost, ther umblîdêr ist,
ther ni gibit thir thia frist,
hizza ginôto suârlîchero dâto.
Nist ouh in erdrîche, nub er hiar
irsiache,
nub er io innan thes sih lade fo-
rahtennes.
Ni wirthit ouh innan thes (zi
stuntôn brest imo thes),
ni in jungistemo thinge thoh eltî
nan githuinge,
Thiu mo allaz liob inselzit joh
mahto nan gihelzit,
duit imo widarmuati thia jugundlî-
chûn guatî.

Aufugiet ibi dolor et tristitia et
gemitus. Quid hac vita beatius,
ubi non est paupertatis metus,
non aegritudinis imbecillitas ?

Nemo laedetur, irascetur nemo ;
nemo invidet, cupiditas nulla exar-
descit ; nullum ibi desiderium ho-
noris pulsat aut potestatis ambitio.

Nulla erit tunc usquam discordia,
sed cuncta consona, cuncta con-
venientia, quia omnium erit sanc-
torum una concordia.

Pax cuncta et laetitia continet.

Nec frigoris aut ardoris asperitas
ulla.

Nec est senectus ibi, nec senec-
tutis miseria, dum omnes occurrunt
in virum perfectum in mensuram
aetatis plenitudinis Christi.

143—144: Leidênt imo in brusti thio êre-
rûn gilusti,
ist mêra imo in theru brusti thes
huasten angusti.

H o m. I, 3:
Frequentibus suspiriis pectus urge-
tur, virtus deficit, loquentis verba
anhelitas intercidit.

Sollte diese Stelle als eine Reminiscenz aus der auch
schon für Kapitel 19 dieses Buches benutzten Homilie den Ver-
sen 143—144, vielleicht auch 141 tatsächlich zu Grunde gelegen
haben, so würde damit die auf diesen Versen beruhende Vermutung
hinfällig, dass Otfrid hier eigene Leiden geschildert, das Kapitel
demnach im hohen Alter gedichtet habe.

223—226: Wâri in mir ginôto manag
thûsunt muato,
sprâcha sô gizâmi, thaz enti thes
ni wâri:
Ni moht ih thoh mit worte thes
lobes queman zente
alles mînes lîbes frist, wiolîh thâr
in lante ist.

261: Giwisso sagên ih thir ein: thâr
nirstirbit man nihein.

273: T h â r b l y e n t t h i r i o l i l i a
i n t i r ô s â.

287—294: Ubar thiz allaz sô ist uns
suazista thaz,
wir unsih thes thâr frowôn, selbon
druhtîn scowôn,
Sînes selbes scônî joh allaz sîn
gizâmi
iamêr in thên mahtin bî sînên
êregrehtîn.
Theist thiu wunna joh thaz guat,
thaz blâsit lîb uns in thaz muat;
theist al fon themo brunnen, thaz
wir hiar guates zellen!
Sehen ouh thâr then drôst, thero
engilo thionôst;
uns thâr io lîb bibringit, thaz iagi-
lîchêr singit.

H o m. II. 62:
effugit enim omnem sermonem at-
que omnem sensum humanae men-
tis excedit decus illud, illa pulchri-
tudo, illa virtus, illa gloria, illa
magnificentia, illa majestas.

Mors neque corporis neque ani-
mae, sed immortalitatis munere vita
jucunda.

F l o r i b u s e j u s n e c r o s a e
n e c l i l i a d e s u n t.

Verum super haec omnia est
consociari angelorum et archangelo-
rum coetibus, thronis etiam et domi-
nationibus, principatibus et potesta-
tibus, omniumque coelestium super-
narum virtutum contubernis perfrui
et intueri agmina sanctorum. De
rege autem, qui horum medius
residet, dicere vox nulla sufficiet.
Ultra enim omnem sanctorum est
gloriam ipsius inaestimabilem ad-
ipisci conspectum et splendore ma-
jestatis ejus irradiari.

Obige Zusammenstellung erbringt für uns als p o s i t i v e s Ergebnis:

1. dass für den weitaus grössten Teil des Evangelienbuches, namentlich aber für fast alle geistlichen Ausdeutungen aus der Homiliensammlung des Paulus Diakonus nicht nur dieselben Parallelstellen, die auch schon Kelle, Piper und Erdmann aus den von ihnen angenommenen Quellen beigebracht hatten, sondern mehrfach auch viel genauere, ja sogar viele bisher noch unbekannte Entsprechungen nachgewiesen werden können;

2. dass die lateinischen Überschriften, sowie der Umfang der einzelnen Kapitel des Evangelienbuchs mit nur geringen Ausnahmen mit den Textesworten und dem Umfang der einzelen Predigten der Sammlung des Paulus Diakonus übereinstimmen. Es ist dies namentlich dann noch von ganz besonderer Wichtigkeit, wenn ein Kapitel des biblischen Textes auf mehrere Kapitel des Evangelienbuchs verteilt ist. Otfrid bricht nämlich in einem solchen Falle die in dem Rahmen eines Kapitels der Vulgata berichtete evangelische Erzählung an derselben Stelle ab, an der auch die von ihm als Vorlage benutzte Homilie schliesst, um dann in seinem folgenden Kapitel die Erzählung bei demselben Verse und unter denselben lateinischen Textesworten als Überschrift wieder aufzunehmen wie die denselben Text behandelnde Homilie des Homiliars, cfr. z. B. I. 4; 5; 6; 9. — V. 5; 7; 11 etc.

Gerade diese Verteilung eines Kapitels der Vulgata auf mehrere Kapitel des Evangelienbuchs und der damit verbundene Wechsel der Quellen, wie beides namentlich an dem von Otfrid am häufigsten benutzten Johannesevangelium hervortritt, hatte Kelle (I. 47. 51 ff) die Grundlage für seine Annahme gegeben, dass Otfrid den Johannes-Kommentar des Alkuin vor Augen gehabt habenmüsse, dessen Kompilation dieselbe Reihenfolge und denselben Wechsel der Schriften des Gregorius, Augustinus und Beda aufweise, wie jene das Johannesevangelium behandelnden Kapitel des Evangelienbuchs. So überzeugend aber auch die Ergebnisse der Kelle'schen Untersuchungen zu sein schienen, so hätte sich ihnen doch von vorn herein das Bedenken entgegenstellen müssen, dass zu einer solchen nach dem Grundsatze der verschiedenen Quellen vorgenommenen Verteilung eines Kapitels der Vulgata auf mehrere Kapitel des Evangelienbuchs viel leichter in ihrer Selbständigkeit bewahrte Homilien hätten führen müssen, als ein fortlaufend geschriebener Kommentar, selbst wenn in demselben jedesmal die betreffende primäre Quelle angegeben gewesen wäre. Die Lösung dieser Schwierigkeit durch Vergleichung mit Homiliarius des Paulus Diakonus schliesst auch die Lösung folgender, durch das Ergebnis der Kelle'schen Untersuchungen bedingten Widersprüche in sich:

a) Die auch von Kelle zugestandene, im Zusammenhang seiner Beweisführung aber als auffallende Ausnahme erscheinende Tatsache, dass Otfrid für V. 12, einzig und allein aus einer Homilie Gregors, für III. 7, 5 ff.; III. 11, 1 ff.; IV. 27, 19 ff.; V. 4, 27 ff. aber ebenso unzweifelhaft aus Homilien Bedas, wie für IV. 20, 40 aus Augustins Tract. sup. psalm. 63 geschöpft haben muss, da die hier in Betracht kommenden Parallelstellen in den Kommentaren Alkuins, Bedas und Hrabans gar nicht enthalten sind, erhält durch den Homiliarius des Paulus Diakonus, der eben jene Homilien Gregors und Bedas, sowie den Traktat Augustins in seine Sammlung aufgenommen hat, ihre natürliche Erklärung.

b) Otfrids ausdrücklicher Hinweis auf die 24. Homilie Gregors als Quelle des 14. Kapitels des V. Buches, für das Kelle aber trotzdem — eben auf Grund des Ergebnisses seiner Untersuchungen — Alkuins Johannes-Kommentar als direkte Vorlage annehmen musste, ist, wie nunmehr die Homiliensammlung des Paulus Diakonus erweist, auf die unmittelbare Benutzung dieser unter I. 129 in den Homiliarius aufgenommenen Homilie Gregors gegründet und erhält dadurch den ihm von Kelle genommenen Wert eines unzweideutigen Zeugnisses des Dichters selbst wieder zurück.

So bestimmt nun aber auch nach diesen positiven Ergebnissen unserer Untersuchung die Homiliensammlung des Paulus Diakonus als Quelle des Otfridischen Evangelienbuches angesehen werden muss, so kann andererseits doch nicht geläugnet werden, dass für manche Stellen, namentlich aber fast für das ganze vierte, die Passionsgeschichte Christi erzählende Buch der Homiliarius uns im Stich gelassen hat und uns im Stich lassen musste, da Paulus Diakonus Homilien, welche das Leiden und den Tod Jesu behandelten, in seine Sammlung nicht aufgenommen hat. Da aber für diese zahlreichen erläuternden Zusätze, die Otfrid nicht aus jener Sammlung entlehnt hat, bereits von Kelle, Piper und Erdmann Entsprechungen aus den von ihnen angenommenen Quellen beigebracht sind oder doch, falls solche bisher überhaupt noch nicht nachgewiesen sind, gleichwohl eine lateinische Vorlage vorausgesetzt werden muss, so sehen wir uns zu dem Anerkenntnis der Tatsache genötigt, dass Otfrid neben dem Homiliarius auch noch andere Werke benutzt haben muss; es fragt sich nur, wie er sie benutzt hat.

Es ist oben als zweifellos nachgewiesen worden, dass Otfrid für das fünfte Kapitel des vierten Buches nicht den Matthäus-Kommentar des Hrabanus Maurus, sondern die beiden denselben Text behandelnden Homilien des Chrysostomos und Beda benutzt und dieselben gleichsam zu einem neuen Ganzen verschmolzen hat. Doch nicht genug damit: wie ebenfalls schon oben gezeigt worden ist, kann für v. 19—22 keine von jenen beiden, sondern allein eine andere dritte, in den Homiliarius unter I. 95 aufgenommene Homilie als Quelle angesehen werden. Und endlich, was oben noch nicht bemerkt werden konnte, für die Schlussverse IV, 5, 61—66:

> *Thaz selba, thaz thie sungun, thie thârfora giangun,*
> *thaz selba inquad in wâra thiu aftera fuara;*
> *Sin drût thehein, ther wurti êr sîneru giburti,*
> *farnam, thaz scolti werdan thaz, thaz wir nu eigun*
> *garawaz;*
> *Firsâhun sih zi wâru zi sîneru ginâdu,*
> *sô wir ouh iz firnâmun, wir thâr sîdôr quâmun. —*

hat der Dichter die folgende Stelle aus Hrab. hom. de die palmarum benutzt: *Quod autem illi qui praeibant et qui sequebantur, clamabant:* »*Hosanna filio David*«, *significat illos sanctos, qui ante adventum Domini in carne praecesserunt et eos, qui post ascensionem ejus subsecuti sunt, concorditer laudes ejus resonasse et majestatem illius praedicasse veraciter: quia quod prophetae et patriarchae de eo praedixerunt futurum, hoc apostoli et evangelistea narrabant jam esse completum.*

Auch für I. 12, 25. 30; III. 5, 9—10; III. 18, 67—68 und III. 21, 7—10 vermochten wir Parallelstellen nachzuweisen, die

anderen, wenn auch ebenfalls von Paulus Diakonus in seine Samm-
lung aufgenommenen Homilien angehören, als denen, aus denen
Otfrid im übrigen den Inhalt dieser vier Kapitel geschöpft hat. So
zweifellos nun auch unser Dichter im Allgemeinen für ein und das-
selbe Kapitel, ja sogar hier und da für mehrere aufeinanderfolgende
einer im Homiliarius enthaltenen Homilie gefolgt ist und aus
sonstigen Quellen nicht geschöpft hat, mochten sie nun an an-
derer Stelle in der Sammlung des Paulus Diakonus zu finden
sein oder nicht, so zeigen uns demgegenüber doch auch jene
fünf Beispiele, denen als sechstes vielleicht noch V. 23, 143—144
hinzugefügt werden kann, dass er durch die Aneinanderreihung
von Gedanken verschiedener Schriftsteller innerhalb desselben
Kapitels dann und wann eine wenn auch geringfügige eigene
Arbeit auf sich genommen hat.

Es ist nun aber wohl kaum wahrscheinlich, dass Otfrid sich
bei der Abfassung der genannten Kapitel plötzlich für einige
wenige Verse in bewusster Absicht einer andern Vorlage bedient
haben sollte als der, die er bis dahin dem betreffenden Kapitel
zu Grunde gelegt hatte. Es ist dies um so weniger wahrschein-
lich, als die von uns für I. 12, 25—30; III. 5, 9—10; III. 18,
67—68, III. 21, 7—10, und IV. 5, 19—22 angezogenen Parallel-
stellen Homilien entnommen sind, die entweder (wie dies bei
der für I. 12, 25—30 in Betracht kommenden Hom. II. 22
der Fall ist) in gar keinem Zusammenhang mit den tatsächlich
als Vorlage anzusehenden Homilien stehen, oder sich doch nur inso-
fern mit diesen berühren, als sie (wie dies andererseits bei der
die Geschichte des Blinden von Jericho kommentierenden, von
Otfrid aber für die Erzählung des Blindgebornen angezogenen
Hom. I. 64 der Fall ist) eine ähnliche Begebenheit aus dem
Leben des Heilands behandeln. Es ist vielmehr anzunehmen,
dass Otfrid, dem aus seiner eigenen homiletischen Tätigkeit die
Mustersammlung des Paulus Diakonus in Fleisch und Blut überge-
gangen war, aus unwillkürlicher Erinnerung an diese Stellen
die Gedanken zu jenen Versen entlehnt hat. Die gleiche Ver-
mutung liesse sich nun auch für die Schlussverse von IV. 5,
sowie alle übrigen Stellen des Evangelienbuchs, für die wir aus
dem Homiliarius keine Entsprechungen beizubringen vermochten,
rechtfertigen. Denn Otfrid, der den gewöhnlichen Mönch und
Priester seines Zeitalters weit überragende, von den ausgezeich-
netsten Männern in der berühmtesten Schule gebildete Theologe,
wird, so eng er sich auch eingedenk der kaiserlichen Verord-

nungen im Allgemeinen an den Homiliarius des Paulus Diakonus angeschlossen hat, es doch nicht haben vermeiden können, hier und da sich ihm unwillkürlich aufdrängende Erinnerungen aus seiner gewiss umfassenden Kenntnis der theologischen Literatur seiner Zeit einfliessen zu lassen, ohne dass er doch jedesmal für solche Stellen, für die wir im Homiliarius keine Belege zu finden vermögen, ein anderes Werk als unmittelbare Vorlage vor Augen gehabt haben müsste. Gegenüber jener durch die klarsten Beweise gesicherten Tatsache der Benutzung des Homiliarius können natürlich die letzten Sätze nur den Charakter einer Hypothese tragen, einer Hypothese, die aber selbst durch die Betrachtung des vierten Buches nichts von ihrer Wahrscheinlichkeit zu verlieren braucht.

Es ist ja bereits oben bemerkt worden, dass für die im vierten Buche erzählte Passionsgeschichte des Heilands nur wenig Entsprechungen aus dem Homiliarius beigebracht werden können, weil Paulus Diakonus keine Homilien, welche die Leiden und den Tod Christi behandeln, in seine Sammlung aufgenommen hat. Wir wären also genötigt, für die trotzdem vielfach eingestreuten, den biblischen Text kommentierenden Zusätze eine Benutzung anderer Quellen anzunehmen und die von Kelle, Piper und Erdmann aus Alkuins, Bedas und Hrabans Kommentaren beigebrachten Nachweise als solche anzuerkennen. Es muss nun aber auffallen, dass sich im vierten Buche, trotzdem es gerade das weitaus umfangreichste des ganzen Evangelienbuchs ist, solche, die Worte des Evangeliums erläuternden oder im geistlichen Sinne auslegenden Betrachtungen fast regelmässig nur als ganz kurze, in die fortlaufende Erzählung eingestreute Zusätze finden, während es dem gegenüber (abgesehen von dem hier nicht weiter in Betracht kommenden, oben ausführlich besprochenen fünften Kapitel) nur noch drei längere, besonderen Kapiteln zugeteilte Ausdeutungen enthält (IV, 25. 29. 37), von denen keine einzige mit Sicherheit auf eine der von Kelle angenommenen Quellen zurückgeführt werden kann. Wenn nun aber die Kommentare Alkuins, Bedas und Hrabans unsern Dichter für die übrigen vier Bücher zu ausführlicheren, mit spiritaliter, mystice oder moraliter überschriebenen Erklärungen angeregt haben sollen, warum denn auch nicht für das vierte Buch? Der Grund für diese gewiss merkwürdige Erscheinung kann nur darin gefunden werden, dass Otfrid, der sich für die Passi·

onsgeschichte Christi von der Homiliensammlung des Paulus Diakonus im Stich gelassen fand, bei dem lehrhaften Zweck seines ganzen Werkes sich aber trotzdem nicht auf eine blosse poetische Paraphrase des biblischen Textes beschränken wollte, hier sich auf seine eigenen Kenntnisse verwiesen sah und aus ihnen, d. h. aus seiner E r i n n e r u n g, hier und da kurze kommentierende Zusätze in die fortlaufende Erzählung einfügte, ohne dass doch seinem Gedächtnis die Lehre und die Schrifterklärung der Kirchenväter in dem Masse gegenwärtig gewesen wäre, um aus ihm den Inhalt zu längeren, besonderen Kapiteln zugeteilten geistlichen Betrachtungen zu schöpfen. Solche ausführlichen Ausdeutungen, wie wir sie in den übrigen Büchern des Evangelienbuchs finden, sind vielmehr, wie der oft wörtliche Anschluss an ihre Vorlage dort auf das bestimmteste erkennen lässt, auf eine Quelle zurückzuführen, die der Dichter nicht in Erinnerung, sondern vor Augen gehabt haben muss. Von diesem Gesichtspunkte sind denn auch die drei mit pauca spiritaliter (IV. 25), mystice (IV. 29) und moraliter (IV. 37) überschriebenen Abschnitte zu betrachten. Auch Kelle, Piper und Erdmann haben zugeben müssen, dass Otfrid gerade für diese Kapitel die von ihnen angenommenen Quellen freier und selbständiger verarbeitet habe, als er dies sonst zu tun pflegte, ja dass er für mehrere Verse des 25. Kapitels, sowie für den weitaus grössten Teil des 29. und des 37. Kapitels wahrscheinlich überhaupt aus andern, bisher nicht nachgewiesenen Quellen geschöpft habe. Sollten diesen Kapiteln wirklich noch andere Quellen zu Grunde gelegt sein, so könnte schon dadurch unsere Annahme, dass Otfrid wie für die erzählenden, so auch für diese kommentierenden Abschnitte des vierten Buches aus der Erinnerung geschöpft habe, nur verstärkt werden. Es mag dem aber sein, wie ihm wolle — jedenfalls zeigt das Verhältnis des Otfridischen Textes zu den von Kelle aus Alkuins und Hrabans Kommentaren beigebrachten Belegstellen, dass der enge Anschluss an die betreffende Quelle, der uns in allen andern geistlichen Ausdeutungen des Evangelienbuchs oft als wörtliche Übereinstimmung begegnet ist und uns den sichern Beweis einer unmittelbaren Vorlage erbrachte, in dem 25., 29. und 37. Kapitel des IV. Buches völlig vermieden ist. Die durchaus selbständige Behandlung und Fortbildung von wenigen kurzen, den Johannestraktaten Augustins und dem Matthäus-Kommentar des Hieronymus angehörenden

Stellen — denn auf diese gehen die von Kelle aus Alkuins und Hrabans Kommentaren beigebrachten Nachweise zurück — berechtigt vielmehr zu der bestimmten Annahme, dass Otfrid hier ohne unmittelbare Vorlage aus der Erinnerung an Gedanken jener ihm nach seinem eigenen Zeugnis bekannten Kirchenväter gearbeitet habe. So sind denn auch selbst diese drei geistlichen Ausdeutungen des IV. Buches eher dazu geeignet, die Wahrscheinlichkeit unserer Vermutung zu verstärken, als herabzudrücken.

Aber noch eine Tatsache kommt hinzu, die uns das vierte Buch bei der Beurteilung der Quellenfrage in einer Ausnahmestellung den übrigen Büchern des Evangelienbuches gegenüber erscheinen lässt und unserer Annahme eine weitere Stütze verleiht. Unter den zweiunddreissig erzählenden Kapiteln des IV. Buches finden wir nur sieben (2, 4, 8, 9, 10, 11, 34), denen Otfrid, wie er dies in den andern Büchern fast regelmässig getan hat, Textesworte der Vulgata als Überschrift voransetzt; für zwei dieser Kapitel, das 4. und das 11., konnten entsprechende Homilien mit gleichen Textesworten aus der Sammlung des Paulus Diakonus nachgewiesen werden; den übrigen fünf Kapiteln stehen nun aber fünfundzwanzig andere gegenüber, denen nicht solche dem Eingange der behandelten evangelischen Erzählung entnommenen Textesworte, sondern eine den Inhalt des ganzen Kapitels zusammenfassende Angabe als Überschrift vorangesetzt ist. Auch diese gewiss auffallende Tatsache findet ihre einfachste Erklärung darin, dass unserm Dichter, während ihm für die meisten Kapitel der übrigen Bücher durch entsprechende Homilien des Homiliarius ein Anschluss in Überschrift und Umfang an diese nahegelegt wurde, für den weitaus grössten Teil des IV. Buches eine solche Vorlage fehlte, er sich also auf eine gewisse Selbständigkeit auch in Bezug auf die Fassung der Überschriften verwiesen sah.

Und wenn wir schliesslich noch einmal die Komposition der erzählenden Abschnitte betrachten, so dürfte die Richtigkeit unserer Vermutung auch dadurch noch eine weitere Bestätigung erfahren, dass Otfrid z. B. im 12. und im 33. Kapitel des IV. Buches für einige Verse Gedanken Alkuins (oder vielmehr Augustins), für andere solche Hrabans (oder vielmehr des Hieronymus), benutzt hat, eine Erscheinung, wie wir sie ähnlich z. B. auch schon im 5. Kapitel dieses Buches beobachtet und erklärt hatten.

Wir sind am Schlusse unserer Untersuchungen angelangt und wollen deren Ergebnis nunmehr kurz zusammenfassen. Durch inhaltlich genaue, zum Teil wörtliche Entsprechungen sowohl, als auch durch die in den Überschriften wie im Umfang bestehende Übereinstimmung der weitaus meisten Kapitel des Evangelienbuches mit entsprechenden Homilien aus der Sammlung des Paulus Diakonus ist der Beweis für die Benutzung derselben bei der Abfassung des Otfridischen Evangelienbuchs erbracht. Für diejenigen den biblischen Text kommentierenden Teile des Evangelienbuchs aber, für welche aus dem Homiliarius des Paulus Diakonus keine Entsprechungen nachgewiesen werden können, hat der Dichter höchst wahrscheinlich kein anderes Werk als unmittelbare Vorlage vor Augen gehabt, sondern aus der Erinnerung an Gedanken theologischer Schriftsteller geschöpft, die er früher gelesen und studiert hatte.

Lebenslauf.

Am 24. Oktober 1862 wurde ich, Georg Karl Ludwig Heinrich Loeck, evangelischer Konfession, als Sohn des Kaufmanns Ludwig Loeck und seiner Gattin Luise geb. Regenberg zu Stettin geboren. Meine Schulbildung erhielt ich auf der Friedrich-Wilhelms-Schule meiner Vaterstadt. Nachdem ich zu Michaelis 1882 diese Anstalt mit dem Zeugnis der Reife verlassen hatte, widmete ich mich auf den Universitäten Berlin, Leipzig, Tübingen, Marburg und Greifswald dem Studium der neueren Sprachen, namentlich dem der germanischen Philologie. Seit Michaelis 1888 bin ich exmatrikuliert. Am 14. Juni 1890 bestand ich vor der philosophischen Fakultät der Universität Kiel das examen rigorosum.

Ich hörte die Vorlesungen folgender Herren Professoren und Dozenten:

in Berlin: Dilthey, Geiger, Grimm, Hoffory, Horstmann, Lasson, Rödiger, Scherer, Tobler, von Treitschke, Zeller, Zupitza;

in Leipzig: Drobisch, Hildebrand, Wülcker, Zarncke;

in Tübingen: Holtzinger, von Köstlin, Schuler, Sievers, Strauch;

in Marburg: Koch, Stengel, Stosch, Vietor;

in Greifswald: Konrath, Pietsch, Reifferscheid.

Ferner war ich in Greifswald Mitglied der Seminarien der Herren Professoren Dr. Konrath und Dr. Reifferscheid und nahm Teil an den Übungen des Herrn Professor Dr. Pietsch.

Allen diesen Herren Dozenten spreche ich hiermit meinen Dank aus; zu besonderem Danke aber fühle ich mich verpflichtet Herrn Professor Dr. Oskar Erdmann zu Kiel.

Thesen.

Das Hildebrandslied ist eine aus der zweiten Hälfte des neunten Jahrhunderts herrührende ostfränkische Abschrift der von einem Angelsachsen in der zweiten Hälfte des achten Jahrhunderts in oberfränkischem Dialekt verfassten Urschrift.

Die Sprüche Walthers von der Vogelweide 18, 29; 19, 5; 19, 17; 19, 29 (nach Lachmanns Ausgabe) folgen zeitlich in folgender Reihe aufeinander: 18, 29; 19, 29; 19, 5; 19, 17.

Das Vergnügen ist nicht die einzige Quelle der Poesie, wie Scherer in seiner Poetik angenommen hat.

Berichtigungen.

p. 7 Z. 8 v. u. lies *Cursus* für *Cursusr*.

" 9 » 3 » » » *ut* » *nt*.

» 10 » 2 » o. » *ouh* » *onh*.

» » » 21 » u. » *guatî* » *gnatî*.

» » » 20 » » » *autem* » *antem*.

» 11 » 11 » o. » *ouh* » *onh*.

» » » 3 » u. » *jejuniam* » *jejunium*.

» 12 » 10 » o. tilge *themo*.

» 14 » 12 » » lies *in* » *im*.

» 16 » 22 » » » *thârinne* » *thârin*.

» » » 23 » » tilge *ne*.

» » » 13 » u. lies *igno-* » *ignoi*.

» 17 » 3 » » » *selbun* » *selbuu*.

» 19 » 8 » » » *giflizên* » *geflizên*.

» 20 » 9 » o. » *unrehto,* » *unrehto ..*

» 21 » 4 » » » *corripiamus* » *corripiamns*.

» » » 1 » u. » *sîne* » *sine*.

» 22 » 10-9 » »: *Tho ward thaz wort sînaz zi lîchamen gîdanaz* stelle vor Z. 16 v. u.

» 26 » 22 » o. lies *na-* für *na*.

» » » 23 » » » *my-* » *my*.

» 11 » 30-31 » » » *absol - vitur* » *abso - lolvitur*.

» 28 » 5 » u. » *ipsum* » *iqsum*.

» 29 » 18 » » » *suntar,* » *suntar ..*

» 40 » 12 » o. » *einzelnen* » *einzelen*.

» 41 » 11 » » schalte *dem* nach *mit* ein.

» 42 » 3 » u. lies *evangeliṣtae* » *evangelistea*.